Markus Danner

111 Orte
in Leverkusen,
die man gesehen
haben muss

Mit Fotografien von Johannes Seibt

emons:

Resi Hedwig Auguste
und den Grenzviechern Katja und Sonja gewidmet

Bibliografische Information der Deutschen Nationalbibliothek
Die Deutsche Nationalbibliothek verzeichnet diese Publikation
in der Deutschen Nationalbibliografie; detaillierte bibliografische
Daten sind im Internet über http://dnb.d-nb.de abrufbar.

© Emons Verlag GmbH
Alle Rechte vorbehalten
© der Fotografien: Johannes Seibt
© Covermotiv: cookelma/Depositphotos.com
Layout: Eva Kraskes, nach einem Konzept
von Lübbeke | Naumann | Thoben
Kartografie: altancicek.design, www.altancicek.de
Kartenbasisinformationen aus Openstreetmap,
© OpenStreetMap-Mitwirkende, ODbL
Druck und Bindung: B.O.S.S Medien GmbH, Goch
Printed in Germany 2016
ISBN 978-3-95451-849-4
Originalausgabe

Unser Newsletter informiert Sie
regelmäßig über Neues von emons:
Kostenlos bestellen unter
www.emons-verlag.de

Vorwort

»In unserer Stadt, da gibt es viel zu sehn!« Wenn die schwarz-rote Bayer-04-Leverkusen-Wand zu dieser Strophenzeile der Stadionhymne kommt, starrt der Gästeblock ratlos in die Arena und sucht den Sitzplatz, von dem aus man den Kölner Dom sehen kann. Die Leverkusener Stadtgeschichte nach dem Zweiten Weltkrieg erzählt von so viel Abriss, wie es Zukunft kaum geben kann. Während dieses Buch entstand, ist noch eine Handvoll Orte von der Liste der 111 verschwunden – darunter der Einmannbunker auf dem Gelände eines Manforter Baumarkts. Wer Gegensätze mag und sucht, kann in Leverkusen aber noch immer auf engem Raum einen herrlichen Bogen von vergeigten Baumoden über tatsächliche Visionen zu historischen Preziosen, Industriekultur und ländlicher Ruhe spannen.

Die Süddeutsche Zeitung textete einmal: »Wenn man Hamburg sagt, denkt man an Elbluft und steifen Hanseatengeist. Wenn man Köln sagt, riecht man etwas Katholisches, wenn man Leverkusen sagt, denkt man an Tiefgaragen, die über der Erde Stadtmitte heißen.« Wer mit solchen Erwartungen hierherkommt, könnte jedoch erstaunt feststellen: »Och, hier isses aber grün« – und erntet vor Ort vom Echt-Leverkusener vermutlich nur ein genervtes Augenrollen.

Die hier vorgestellten Orte können, müssen aber nicht schön sein. Der ÖPNV bringt den Leser hin und heißt nicht nur auf Leverkusener Stadtgebiet offiziell wupsi – das ist die liebevolle wie offizielle Abkürzung für den Kraftverkehr Wupper-Sieg.

111 Orte

1 Der Agam-Saal

Es kommt auf den Standpunkt an

Architekt Ulrich von Altenstadt hatte sich sein Kulturzentrum in Leverkusen, das Forum, noch deutlich größer vorgestellt und hätte hier gerne ein Museum sowie die Stadtbibliothek untergebracht. Dabei markiert sein dynamisches, aus sechseckigen Grundformen emporwachsendes Bauwerk zwischen Bahntrasse und Stadtautobahn seit 1969 auch so sehr eindrucksvoll einen zentralen gesellschaftlichen Treffpunkt für Musik, Theater und Weiterbildung. Von Altenstadts Hallenbad an der Bismarckstraße mit seiner kühnen Dachkonstruktion war sieben Jahre zuvor fertiggestellt, hat es aber nur bis in die Mitte der 1990er Jahre geschafft – das Forum wird bleiben, es steht unter Schutz.

Auf der Suche nach dem Herz des Hauses ist der »kleine Saal« ein richtiger Fundort. Der Planer forderte für diesen Raum in seinem sonst unbunten Tempel lebendige, starke Farben, eine plastische Wandgestaltung und anständige Akustik. Der Entwurf des israelischen Künstlers Yaacov Agam erhielt den Zuschlag. Sein kinetisches Konzept für den kleinen Saal sollte die Idee des Architekten überzeichnen. Durch Aluminiumprofile wuchs die Wandfläche auf 700 Quadratmeter an. 354 Farbnuancen wurden gemischt. 18 Kilometer Klebeband mussten zur Trennung der kolorierten Flächen verarbeitet werden. Es entstand ein begehbares, vitales Kunstwerk, das den Besucher völlig umfasst und mit jedem Platzwechsel permanente Veränderung und Bewegung suggeriert. Je nach Standort fällt der Blick auf Texturen, die beim Durchschreiten des Raumes von Schwarz-Weiß zu Farbigkeit changieren. Einfach bunt ist hier nichts.

Konzentration bei Veranstaltungen sei hier unmöglich, der Raum sei irritierend, viel zu unruhig – Kritik anlässlich der Authentifizierung nahm Agam 1970 gelassen mit einem geduldigen Lächeln unter seinem Walrossbart. Schließlich bestimmt allein die Qualität der Darbietung, ob ein Versinken in der 3-D-Wand eine Alternative ist.

Adresse Am Büchelter Hof 9, 51373 Leverkusen-Wiesdorf | **wupsi** Linien 201, 203, 204, 208, 210, 211, 220, 221, 233, 250, 251, 255, Haltestelle Rathaus Galerie | **Öffnungszeiten** bei Veranstaltungen, informieren Sie sich bitte auf der Webseite der KulturStadtLev www.kulturstadtlev.de | **Tipp** Hinter dem Forum führt eine kleine Brücke über die Dhünn, die einen atmosphärisch dichten Blick im Quadrat der Verkehrsschneisen sowie Hotel-komplex und Forum bietet.

2 Die Alte Ruhlach

An der Bahn zwischen Stadt und Land

Hinter der Rundung des Gebäudes an der Elsbachstraße, gegenüber der Einmündung zum Imbacher Weg, befand sich vor langer Zeit zur Freude der Nachbarschaft ein Kaufmannsladen mit dem schönen Namen »Mangel«. Von dort geht es hinab, vorbei an der Privatauffahrt zum Gartenbaubetrieb Schweflinghaus, durch den kleinen Tunnel. Direkt hinter der Unterführung biegt rechts, parallel zur Bahnlinie, ein Feldweg ab. Bald passiert er eine Kleingartensiedlung, knickt dann nach links ab und führt leicht ansteigend zu einem entzückenden Hexenhäuschen. Hier schlägt das Herz der Alten Ruhlach. Der grüne Ziehbrunnen vor den Zwillingstüren des umrankten Fachwerkidylls ist bis heute funktionstüchtig.

Außer Betrieb ist inzwischen leider der Bahnübergang am Ende des Abzweigs. Jahrzehntelang konnte hier beim nächsten Stellwerk mittels einer Fernsprechanlage das Öffnen der Schranken angefordert werden. Der Weg zu einer Brücke über eine weitere Bahnlinie und auf die aussichtsreichen Höhen bei Imbach führt von hier heute nur noch über einen Umweg entlang der Wupper. Zurück am Hauptweg empfiehlt sich ein Abstecher in die Felder bis zum östlichen Ufer der Wupper, wo der Blick auf das städtische Opladen frei wird. Flussabwärts stechen die Türme der evangelischen Bielertkirche und Sankt Remigius in den Himmel. Dem Ufer folgend, stößt der bei Hundefreunden äußerst beliebte Pfad nach einer Weile bei den Bäumen auf einen Abzweig. Hier geht es links über den Weg zwischen den Kleingärten zurück in die Elsbachstraße.

Die Eisenbahnbrücke über dem Fachwerkhäuschen, von der aus ein erhabenerer Blick über die Alte Ruhlach und den Zugverkehr zwischen Opladen und Leichlingen ausgeht, ist alternativ auch über den Imbacher Weg erreichbar – die Strecke ist nicht weniger reizvoll als die Route durchs Tal. Hinter der Kuppe führt der erste Wirtschaftsweg an einem Gehöft scharf links durch die Felder hinab.

Adresse Elsbachstraße / Imbacher Weg, 51379 Leverkusen-Opladen | **wupsi** Linie 223, Haltestelle Imbacher Weg | **Tipp** Am Ende des asphaltierten Weges, der an der Elsbach-straße gegenüber dem Abzweig der Straße Imbacher Weg liegt, befindet sich ein Einstieg in den Panoramaradweg »Balkantrasse«.

3 Die Bäckerei Kohlenbach

Ehrliche Brötchen

»Weltmeisterbrötchen? Gibt's bei mir nicht«, konstatiert Bäcker Bruno Kohlenbach, während seine Frau Gisela »Flammende Herzen« in der Auslage drapiert. Die gibt es schon länger als die Tanzenden Fontänen des Altenberger Märchenparks aus dem Jahre 1956.

Das Traditionsgebäck hat vermutlich Kohlenbachs Großvater erfunden. Damit dürfte es älter sein als die Einrichtung des Ladens, die aus den 1930er Jahren weitgehend erhalten geblieben ist. Gemütlich ist es in der Stube mit ihren Holzfächern, Schubläden und den Regalen mit Glasschiebefenstern – kein nerviger »Erdbeer-Wuppi«, kein aufdringlicher »Sommer-Fanblock«.

Schweizer, Graubrot, Sauerteigbrot und normale Brötchen wirken beruhigend bodenständig. Dreimal am Tag setzt Bruno Kohlenbach den Sauerteig aus eigener Herstellung neu an – so wie es die alten Ägypter erfunden haben.

Der Laden mit der freundlichen Markise erinnert an das dörfliche Bürrig in der Zeit nach dem Ersten Weltkrieg. Bis zu dessen Ende befand sich dort ein Fuhrgeschäft. Wo heute die Mehlsäcke stehen, lagerte früher das Heu. In der Backstube war der Stall für die Pferde, die Karren mit Sprengstoff und Munition zur Eisenbahn zogen. 1928 zog Kohlenbachs Großvater Caspar in den heute blassgrün verputzten Bau und eröffnete mit seiner Frau, die aus einer Bäckerfamilie in Bergisch Gladbach stammte, den Betrieb. An der Wand hinter der Ladentheke hängt eine Fotografie von 1936: An dem Lieferwagen mit Firmenschriftzug hatte Großvater Caspar nicht lange Freude, da Nationalsozialisten meinten, das Fahrzeug besser gebrauchen zu können.

Die Zeiten überdauert hat das Ziegelhäuschen neben der Bäckerei, in dem noch ein verblasstes Schild mit der Aufschrift »Rödel« hängt. Bis Anfang der 1970er Jahre war dort ein Tabak- und Zeitschriftenladen untergebracht, in dem sich Klein-Bruno zu Schulzeiten mit Comics eindeckte.

Adresse Rüttersweg 6, 51371 Leverkusen-Bürrig | **wupsi** Linien 203, 211, Haltestelle Rüttersweg | **Öffnungszeiten** Mo–Fr 5.30–18.30 Uhr, Sa 8–13 Uhr, So 8–12 Uhr | **Tipp** Das Leverkusener Wahrzeichen, der große Wasserturmtrichter, befindet sich in rund 700 Metern Entfernung in der Olof-Palme-Straße.

4___Der Bahnhof Wiesdorf
Willkommen auf dem Mond

Am Wiesdorfer Bahnhof strandeten einst zahllose Ankömmlinge, um gleich festzustellen, hier auf gar keinen Fall bleiben zu wollen – für viele von ihnen war er Station für einen Neustart in der aufstrebenden Farbenstadt, die für sie zum neuen Zuhause werden sollte. So ging es auch dem späteren Gemeindebaumeister Wilhelm Fähler, der das Gesicht der Stadt maßgeblich prägen sollte. Nach seiner Ankunft 1917 gelobte er noch auf dem Bahnsteig, nach spätestens vier Wochen wieder zu verschwinden.

Anscheinend gab es schon früh ein Problem mit dem Wiesdorfer Bahnhof, an dem 1914 die ersten Züge hielten. Die Farbenfabriken und eine Siedlung für leitende Angestellte und Direktoren befanden sich zwar in Sichtweite, doch zur wachsenden Stadtmitte um den eigentlichen Wiesdorfer Kern musste ein kleiner Fußmarsch hingelegt werden. Bereits 1931 kam es zu einer Verschönerungsaktion auf dem Vorplatz, der angesichts sprunghaft wachsenden Fahrgastaufkommens einen gefälligeren Anblick bieten sollte: Ein Brunnen mit Figuren eines Jägers und zweier Hunde wurde aufgestellt. Doch schon sein 25. Jubiläum verging für den Bahnhof völlig sang- und klanglos. Nach dem Zweiten Weltkrieg berichteten die lokalen Tageszeitungen nur noch von »Jammertal« und »Mondlandschaft«. Ende der 1970er Jahre erhielt die Mitte Leverkusens ihren eigenen, gleichnamigen Haltepunkt – das Aus für den alten Bahnhof.

Heute haben die Musikvereine und die Mineralien- und Fossilienfreunde Bayer Leverkusen ihre Heimat im Bahnhofsbau. Auf dem Vorplatz unter der Bogenlampe tickt keine Normaluhr mehr, das Halteverbotsschild wirkt übertrieben. Manchmal wartet ein Taxi auf niemanden, und die roten Räder scheinen für immer abgestellt. In seiner Ruhe ist die Achse von Bahnhof, Platz und Werkspforte ein Ort des Rückblicks, dem der verbliebene Dachschmuck der in der Nähe abgerissenen Kirche Maria Friedenskönigin die Krone aufsetzt.

Adresse Rudolf-Mann-Platz 5, 51373 Leverkusen-Wiesdorf | **wupsi** Linien 201, 217, 220, 221, 224, 225, 250, 251, 255, Haltestelle Chempark Tor 1 | **Tipp** Wer's noch intensiver mag: Das ibis Budget Hotel in der Manforter Straße 29 verfügt über Zimmer, in denen nichts vom unverstellten Werksblick ablenkt.

5__ Der Bahnstadt-Wasserturm

Brause- oder Wannenbad?

Verkehrsminister Franz Müntefering nannte das Werk noch 1999 eine »unverzichtbare Perle«. Im Jahr zuvor versprach ein rotes Deutsche-Bahn-Cargo-Logo am Wasserturm wie ein Leuchtfeuer der Hoffnung Standortsicherheit im Opladener Ausbesserungswerk. 2003 war Feierabend: Wenige Wochen nach seinem 100-jährigen Bestehen schloss die Betriebsstätte, die ab 1903 als Königliche Eisenbahn-Hauptwerkstätte in Dienst gestellt worden war. Im selben Jahr wurde der 25 Meter hohe Wasserturm erbaut. In der Neuen Bahnstadt Opladen bildet er den östlichen Abschluss des Areals mit Kesselhaus und Campusbrücke.

Im Wasserturm war eine Badeanstalt untergebracht. Parterre stand rechts neben dem Eingang der Heizkessel, zur Linken führte die Treppe hinauf, und im Halbrund gegenüber scharten sich acht Brausestellen. In der ersten Etage war noch einmal Platz für acht Brausen, und im engeren Kreis der dritten Etage standen vier Wannen beieinander. Anfangs lieferten nur zwei Brunnen in dekorativen achteckigen Häuschen das Wasser. Die Wasserleitungen von Opladen mussten angezapft werden. Zudem wurde das Bahnhofswassernetz noch kostenfrei aus dem Wiembach gespeist. Der enorme Durst des Werkes war aber sicher nicht dem Badebetrieb geschuldet.

Raum für ausgelassenere Badefreuden zeigt ein Farbfoto aus den 1960er Jahren der Werksgeschichte: Im poolblauen Feuerlöschbassin vor einer Wagenhalle treiben eine Dame mit Badehaube und ein Kind in einer Schwimmente. Als Umkleide diente ein Schienenbus-Triebwagen. Die Karnevalsgesellschaft »Altstadtfunken Opladen vun 1902 e.V.« hat den Wasserturm von der Stadt Leverkusen erworben und als gemeinnützige Turm-Gesellschaft renoviert. Passend am 11.11.2012 wurde das Denkmal eingeweiht. Die Räume sind für Veranstaltungen buchbar.

Adresse Bahnstadtchaussee 8, 51379 Leverkusen-Opladen | **wupsi** Line 206, Haltestelle Funkenturm | **Öffnungszeiten** nach Vereinbarung: www.altstadtfunken-opladen.de | **Tipp** Westlich zu Füßen des Wasserturms liegt das Werkstätten-Hauptmagazin, ebenfalls von 1903. Wegen der geringen Nutzlast wurden hier eher leichte Materialien gelagert und hauptsächlich Frauen beschäftigt.

6 Der Bayer-Löwe
Ich will Chemiker werden

Frisch in Jena promoviert, hatte der 21-jährige Chemiker Carl Duisberg 1882 ein Bewerbungsschreiben an Carl Rumpff, den Aufsichtsratsvorsitzenden der noch jungen Aktiengesellschaft »Farbenfabriken vorm. Friedr. Bayer & Co.«, gerichtet – ohne Erfolg. An seinem Geburtstag, dem 29. September, im Jahr darauf, erhielt er immerhin einen dreijährigen Vertrag für einen Forschungsauftrag zur synthetischen Herstellung des tiefblauen Farbstoffs Indigo. Rumpff hatte sich bei der Vergabe dieses Auftrags geschickt gegen den Sparkurs seiner Kollegen aus der Unternehmensführung durchgesetzt und Duisberg in sein Schloss bei Elberfeld einberufen. Dort traf dieser auch seine spätere Frau Johanna Seebohm, eine Nichte Rumpffs, die einmal Namenspatin der dritten Kolonie für die Werksarbeiter werden sollte.

1923 feierte er als Prof. Dr. Dr. Ing. Carl Duisberg und Lichtgestalt der chemischen Großindustrie 40-jähriges Dienstjubiläum. Zu diesem Anlass und in Erinnerung an die Gründung der Interessengemeinschaft der deutschen Teerfarbenindustrie wurde damals der Löwe aufgestellt. Das Jubiläumsdenkmal – fünfeinhalb Meter lang und gut drei Meter hoch – galt zumindest in den Augen des Werksteinlieferanten als damals größte deutsche Tierplastik. Der rote Porphyr stammt aus den Steinbrüchen der Rochlitzer Berge nördlich von Chemnitz. Der Entwurf des Löwen, der heute sein Revier leicht erhobenen Hauptes in Richtung des zentralen Besucherempfangs überblickt, stammt von dem Worpsweder Künstler Bernhard Hoetger.

Das Bayer-Kreuz entwarf 1900 ein Mitarbeiter der pharmazeutischen Abteilung bei einer beiläufigen Spielerei auf seinem Schreibblock während einer Sitzung. Als allgegenwärtiges Logo setzte es sich ab 1904 gegen einen geflügelten Löwen mit einem Zepter und einer Tatze auf der Weltkugel nur allmählich durch. Vom Briefbogen verschwand der Löwe erst in den 1950er Jahren.

Adresse Friedrich-Ebert-Straße / Kaiser-Wilhelm-Allee, 51373 Leverkusen-Wiesdorf |
wupsi Linien 201, 217, 220, 221, 224, 225, 250, 251, 255, Haltestelle Chempark Löwe |
Tipp 500 Meter Luftlinie entfernt liegt am Knochenbergsweg der Flugplatz Kurtekotten
des Luftsportclubs Bayer, dessen Feld 1959 eingesät wurde. 500 Schafe sorgten damals für
die notwendige Grasdichte. Das Gelände kann durch den Fußgängertunnel unter der Bahn
in der Carl-Rumpff-Straße erreicht werden.

7_Der Bayer-Weinkeller
Preziosen, Bestseller und Paradiesvögel

»Wehlener Sonnenuhr vom Weingut Prüm, Riesling, Mosel, Jahrgang 1981 – diesen Weißwein kann man 2025 noch trinken.« Heinz-Jürgen Kaup führt durch den Bayer-Weinkeller, in dem er seit 15 Jahren Kellermeister ist. Gern steuert er auf seine deutschen Preziosen zu, nicht ohne zu bemerken, dass diese eher zu den Ausstellungsstücken zählen. Gleichzeitig zeigt sich Kaup auch von weitaus günstigeren Bestsellern wie dem spanischen Basa Blanco oder Holger Müllers Grauburgunder vom Kaiserstuhl zutiefst überzeugt.

Kultur, Sport und guter Wein gehörten vor rund 100 Jahren zu den »weichen Faktoren«, die Chemiker und Kaufleute nach Leverkusen locken sollten. Seit dieser Zeit existiert der Weinkeller. Bis in die 60er Jahre wurde auch aus Fässern abgefüllt und jede Flasche einzeln mit einem Etikett beklebt. Eine kleine Schar honoriger älterer Herren bildete eine Weinkommission mit Reisetätigkeit. Verkauft wurde nur an die Werksfamilie.

»Die großen Güter und Anbaugebiete sollte ich gesehen haben, aber wenn ich mit meiner Familie in Urlaub fahre, besuche ich auch mal nebenbei einen kleineren Winzer in Saint Chinian. Daraus ziehe ich Motivation und Wissen«, berichtet Kaup, der für seinen Beruf zu brennen scheint.

Er mag die ganz kleinen Weingüter, auf denen noch alles von Hand gemacht wird, es keinen Traktor, keine Mitarbeiter gibt. – Wie bei Winzer Achim Jähnisch. »Er ist ein Paradiesvogel und sein Grauburgunder üppig, voller Schmelz mit gewisser Frische und Säure. So einen Wein habe ich gern im Regal.«

Die Türen des Weinladens sind seit einigen Jahren für jedermann geöffnet. Der Keller bietet regelmäßig länderspezifische Weinproben an. Eine Open-Air-Verkostung am Rande des wundervollen Parks hinter dem Kasino zählt sicher zu den Glanzlichtern des Hauses. Im Schatten des Brunnens mit den Skulpturen, die Carl Duisbergs Frau Johanna und ihre Kinder darstellen, lässt es sich aushalten.

Adresse Kaiser-Wilhelm-Allee 3, 51373 Leverkusen-Wiesdorf | **wupsi** Linien 201, 217, 220, 221, 224, 225, 251, 255, Haltestelle Chempark Kasino | **Öffnungszeiten** Mo–Fr 9.30–18.30 Uhr, Sa 9.30–14 Uhr | **Tipp** Um im Gebäude und im Bild zu bleiben, lohnt die Besichtigung des Kasinos und der Besuch des Restaurants Zum Löwen.

8 Die Beamtensiedlung

Leicht verrückt

Zwischen 1912 und 1921 schuf der Industriemaler Otto Bollhagen ein kolossales Panorama der Farbenfabriken. In der Villa Römer, dem »Haus der Stadtgeschichte« Leverkusens, hängt ein großformatiges Abbild des Werkes. Die Ansicht wird nach Westen durch den Rhein und das Kölner Ufer begrenzt. Unter den Wolken im Osten zieht sich das Bergische Land. Zwischen Äckern und der imposanten Fabrikanlage, die nahezu das gesamte Bild einnimmt, erscheinen die ersten Kolonien mit Sozialeinrichtungen verhältnismäßig klein. Trotz der Breite des Gemäldes musste der Maler ausgerechnet die Beamtensiedlung nach Norden in die Komposition rücken.

Zwischen Bundesstraße 8 und Bahngleisen existiert heute noch der östliche Teil der Kolonie, bestehend aus Mietshäusern für Beamte und Anwesen für Direktoren der Farbenfabriken. Tatsächlich erscheint die Lage der hübschen Siedlung noch weiter aus dem Bild gerückt, als das Gemälde vorgaukeln will. Ein Bunker, die S-Bahn-Station Chempark, Parkplätze und ein Verwaltungsgebäude, das eine Überführung in einem weißen Kunststoffrohr mit der Werksseite verbindet, markieren die Grenzpunkte des Areals. Besonders die älteren Bauten fallen durch Auf- und Anbauten und Zierfachwerk repräsentativer aus als die der Arbeiterkolonien auf der anderen Seite der Fabrik. Dass die Gärten eher der Zierde als dem Ertrag dienten, unterstreichen Veranden und Sitzplätze mit erbaulichem Ausblick. Mit Speise-, Empfangs- oder Herrenzimmer, drei Schlafräumen und Bad mit separater Toilette rangierte die Innenausstattung deutlich über dem Durchschnitt.

»Beamte« wurden die leitenden Angestellten der Firma genannt. Die Vermutung, dass ein solcher Posten auf Lebenszeit vergeben wurde, ist nicht falsch, und dabei blieb es. Viele Jahrzehnte später noch soll ein Vorstandsvorsitzender auf die Frage, wie viele Menschen denn bei Bayer arbeiten, geantwortet haben: »Ich hoffe die Hälfte.«

Adresse Carl-Rumpff-Straße, 51373 Leverkusen-Wiesdorf | **wupsi** Linien 201, 217, 220, 221, 224, 225, 250, 251, 255, Haltestelle Chempark Löwe | **Tipp** Hinter der S-Bahn-Station Chempark (S 6) gelangt man auf Kölner Gebiet beim Kreisverkehr über die Straße Am Hirschfuß zum Golfclub Leverkusen und zum Paulinenhof, dessen Platz auf Wirtschaftswegen Richtung Scheuerhof durchquert werden kann.

9 Die Berufsschulen

Lernkomplex

Zwischen Konrad-Adenauer-Platz und dem Liga-Schmuckkästchen BayArena liegen auf einer Wiese vor dem Autobahndamm rechter Hand drei elegante winkelförmige Gebäudetrakte. – Ob nun diese gewerblichen Schulen oder das Fußballstadion seit ihrem Bestehen mehr Besucher zählen, bleibt unnützes Wissen (eine überschlägige Rechnung spricht jedoch eindeutig für die Berufsschulen). Der architektonisch reizvolle Dreiklang der Gebäude entstand zwischen 1956 und 1966; die Reihenfolge, in der sie errichtet wurden, spiegelt die Bedürfnisse des Ausbildungsmarktes in der damaligen Zeit anschaulich wider: Von der BayArena, die noch Ulrich-Haberland-Stadion hieß, aus gesehen, wurde zunächst die Kaufmännische Schule, dann die Gewerbliche Schule und zuletzt in deren Mitte die Hauswirtschaftsschule gebaut.

Das erste Berufsschulzentrum in Nordrhein-Westfalen sollte über 3.000 Auszubildenden als Lernanstalt dienen. Ihre überraschende Helligkeit verdanken die Gebäude ihrer Stahlbetonskelettbauweise und reichlich Glasfläche. Die variierende Fenstergestaltung der Treppenhäuser setzt behutsam Akzente im Stil der 1950er Jahre. In diesem gelungenen Raum möchte sich zwischen Zweck und Schönheit nichts aufdrängen. Die beispielhaften Lernkomplexe besitzen sogar großzügige Dachgärten mit Wandelhallen – ein Architektentraum.

Die Ausstattung der Unterrichtsräume war wegweisend: Heizkörper gab es keine; das Energiekonzept sah Deckenstrahler, Doppelfenster und Jalousien vor. In einem Übungskontor konnten die Abteilungen eines Betriebes vom Einkauf bis zum Vertrieb simuliert werden – die Firma war in die Schule gekommen. In den Schreibmaschinensälen wurde nach leuchtenden Tastaturtafeln und Musik von der Schallplatte getippt. In der Mädchenschule spielte das Leben zwischen Kojenküche, Musikzimmer und Räumen für Säuglingspflege, Nadelarbeiten und Waschen – also doch ziemlich oldschool.

Adresse Bismarckstraße 207 bis 211, 51373 Leverkusen-Manfort | **wupsi** Linien 203, 207, 209, 210, 211, 212, 214, 217, 222, 227, Haltestelle Konrad-Adenauer-Platz | **Tipp** Ein von unbeugsamen Leverkusenern bevölkertes Dorf hört nicht auf, dem Eindringling Widerstand zu leisten. Die befestigten Lager in Manfort hinter der Dhünn heißen Autobahnkreuz, Soccerhalle, Schnellrestaurant, Rundsporthalle, BayArena und Spaßbad; Fridtjof-Nansen-Straße.

10 Der Binnester Hof

Schlebuschs Keimzelle

An der geschäftigen Kreuzung der Bergischen Landstraße und der Odenthaler Straße fällt ein vergleichsweise neuerer Bau im Hof wohl am ehesten ins Auge: der grob braungrau verputzte, etwas verwittert und krumm wirkende Taubenturm mit seinen Fensterschächten und dem blassen, spitzen Metalldach. Das Hofgebäude selbst ließ Ignaz Felix von Roll, der damalige Besitzer des Schloss Morsbroich und Landkomtur der Deutschordensballei Koblenz, 1784 errichten, worauf der Wappenstein über der Eingangstür hinweist. Bereits 1666 gelangte der Hof in den Besitz des Deutschen Ritterordens. So glanzlos das Häuschen mit Krüppelwalmdach heute erscheint, so bescheiden waren zu dieser Zeit Besitz und Ertrag des Gutes.

Im Dreißigjährigen Krieg 1623 von spanischen Soldaten demoliert, im Truchsessischen Krieg 1583 abgefackelt, machten Anwesen und Dorf eine leidvolle Zeit durch. Von einem mittelalterlichen Rittersitz ist heute weit und breit nichts mehr zu sehen. Als Standort wird der Bereich des Binnester Hofes vermutet. Nach der ersten Erwähnung Schlebuschs im 13. Jahrhundert wurde Lentzis von Schlebusch 1410 der erste der Amtmänner des Amtes Miselohe, eines der acht alten Verwaltungsbezirke im Herzogtum Berg. Somit gewann der Rittersitz Bedeutung als Verwaltungsmittelpunkt des Kirchspiels Schlebusch. Weiterhin gehörten neben den Kirchspielen Witzhelden, Burscheid und Leichlingen auch Lützenkirchen, Bürrig, Neukirchen, Opladen, Steinbüchel sowie Wiesdorf zu dem Amt, also ein gehöriger Anteil des heutigen Leverkusener Stadtgebietes.

Erst seit der zweiten Hälfte des 19. Jahrhunderts gesellt sich das Taubentürmchen zum Anwesen. Rittern wird er also sicher nie als Lieferant für Tauben zum Verspeisen gedient haben. Ein wenig vom Verkehrsmittelpunkt entfernt, der Bergischen Landstraße aufwärts folgend, öffnet sich durch den Garten hinter dem Hofgebäude ein freier Blick auf den Turm.

Adresse Bergische Landstraße 92, 51375 Leverkusen-Schlebusch | **wupsi** Linien 208, 212, 213, 215, 217, 222, 225, 260, Haltestelle Schlebusch Post | **Tipp** Entspannender als an der Kreuzung geht es im Biergarten des Herkenrath Hofes zu, der 1720 erbaut wurde. Die Erweiterungsbauten stammen aus dem 19. und 20. Jahrhundert.

11___Auf dem Blauen Berg

Evangelische Kirche im Rheinland

Rasch führt die Fahrt durch die Kurve, vorbei an Plakatwänden und einer sich duckenden Hausreihe mit Klinker und grauem Putz. Die gegenüberliegende Villa will alle Aufmerksamkeit auf sich ziehen. Doch seitdem hier ein Hang gerodet wurde, ist der Blick auf das Kirchlein wieder freier. So findet die Ortsausfahrt diesseits der Dhünn einen abwechslungsreichen Abschluss. Über einem Eisentor klettert eine schmale Treppe hinauf, und sofort entsteht in Gedanken das Bild einer sorgfältig für ein Foto drapierten Hochzeitsgesellschaft. Aufgrund der Szenerie und der Ausmaße des Gotteshauses wird der Ort gern für Eheschließungen gewählt. Hier wirkt eine kleine Gästeschar und ihr oft dünner Gesang weniger verloren als im Altenberger Dom, und gleich gegenüber in der Villa kann gefeiert werden.

Der bunte Beiname ist dem spöttischen Ausdruck »Blaukopp« entlehnt, mit dem die Protestanten im vorwiegend katholischen Rheinland bedacht wurden. 1853 wurde die Kirche »Auf dem Blauen Berg« errichtet und eingeweiht. Vor 1830 war die Zahl der Evangelischen in Schlebusch überschaubar. Sie waren als Gastwirt oder Schmied gekommen und fanden Lohn bei der Versorgung von Fuhrleuten, die mit ihren Gespannen auf dem Weg ins Bergische Land waren. Heinrich P. Kuhlmann, ab 1837 Besitzer des Hammerwerkes im Freudenthal und selbst Protestant, stellte gerne Arbeiter aus seiner Heimat in Hagen-Haspe ein, und so wuchs die Schar der Seelen auf fast 150. Ihren Betraum fand die Gemeinde im Haus eines Schmiedes nahe der Dhünn. Als es dort zu eng wurde, musste eine Kirche her.

Ein Gastwirt schenkte der Gemeinde das hochwassersichere Grundstück und sorgte für den Transport der Baustoffe, die ein Unternehmer samt 30.000 Ziegelsteinen stiftete. Ein weiterer Fabrikant steuerte Altar sowie Kanzel bei, und die Bürger organisierten eine Hilfskollekte und einen freiwilligen Bautrupp.

Adresse Mülheimer Straße 13, 51375 Leverkusen-Schlebusch | **wupsi** Linien 202, 207, 208, 222, 225, 260, Haltestelle Von-Diergardt-Straße | **Öffnungszeiten** zu den Gottesdiensten an jedem 1. So im Monat 11 Uhr, Gottesdienstplan unter www.kirscheschlebusch.de | **Tipp** Das Geläut wurde in Bochum gegossen und von der Mülheimer Fabrikantenfamilie Andreae gestiftet. Diese errichtete um 1855 gegenüber der Kirche ihre Sommerresidenz im Schweizer Landhausstil. Ihren heutigen Namen, Villa Wuppermann, erhielt sie mit dem Kauf durch den Fabrikanten Theodor Wuppermann. In Köln-Mülheim gibt es eine Andreaestraße.

12 Die Brutstation

Lachse in Leverkusen

Die Ruhebänke über dem Dhünnufer boten einst Ausblick auf einen Teich, der sich als sehenswerter Wasserfall über ein Stauwehr ergoss. Nachdem sich in den 1980er Jahren die Wasserqualität im Rhein und seinen Zuflüssen verbessert hatte und sich deswegen nach langer Zeit wieder Lachse und Meerforellen in der Dhünn flussaufwärts zu ihren Laichplätzen bemühten, war diese Hürde für die springfreudigen Fische unüberwindbar.

Seitdem die Klippe beseitigt ist, rauscht die Dhünn hier natürlicher durch die Steine im Flussbett. Was es mit dem seltsamen Gerüst auf sich hat, das an einem Betriebshäuschen klebend ins Wasser ragt, erklärt eine Infotafel, die selbst eilige Wanderer aufzuhalten vermag. Auch ohne Angelgrundkenntnisse lässt sich nun der Behälter, der über der Fischtreppe unter dem Gerüst baumelt, als technische Weiterentwicklung einer einfachen Reuse erkennen. 1993 richtete der »Sportangler-Verein Bayer Leverkusen e.V.« hier eine Brutstation ein, die mit Unterstützung des Wupperverbandes und des Landes Nordrhein-Westfalen 2003 zu einer Kontrollstation erweitert wurde.

Lachse und Meerforellen von stattlicher Größe müssen hier ihre anstrengende Reise von der Nordsee zu ihren Laichplätzen in der Quellregion unterbrechen. Sie werden gezählt, gemessen und gewogen. Bei einem Teil der Fische streifen Mitglieder des Anglervereins Milch und Rogen zur Fischzucht in der Brutstation ab. Der Rest der Fische darf weiterwandern, kleinere Exemplare passieren die Station ungehindert. Ein bis zwei Jahre dauert die Aufzucht der Jungfische, bis sie markiert und in die Freiheit entlassen werden. Da Lachse ihrem Heimatgewässer treu sind und dank ihres Geruchssinnes auch zurück in die Dhünn finden, ist es gar nicht unwahrscheinlich, dass es nach zwei bis drei Jahren und Tausenden Kilometern im Nordatlantik ein Wiedersehen mit den Leverkusener Anglern gibt.

Adresse Karl-Carstens-Ring/Dhünnbrücke, 51375 Leverkusen-Schlebusch | **wupsi** Linien 209, 210, 211, 215, 217, 224, Haltestelle Am Gesundheitspark | **Tipp** Die Graffiti an den Tunnelwänden der nahen Fußgängerunterführung sind kein Tatbestand der Sachbeschädigung. Es lohnt sich, auf Flusshöhe hinabzusteigen und im Zwielicht die Kunst von dort aus zu betrachten.

13 Die Bullenwiese

Svenja, Dieter und Sissi

Der Südring, der heute Willi-Brandt-Ring heißt, war eine der ersten Leverkusener Stadtautobahnen, die im Hinblick auf den Pendlerverkehr gebaut wurden – keine Haustüre der Stadt sollte weiter als drei Kilometer von der nächsten Autobahnauffahrt entfernt sein. Dafür durchschnitt die Schnellstraße eine Heidelandschaft und parzellierte im Süden ein großes Stück Wiese mit sandigem Boden, in dessen Mitte sich eine Wanderdüne erhebt. Die Schwarzbunten, die dort grasten, waren das letzte Vieh, das die Autofahrer im Stau diesseits der Leverkusener Grenze betrachten konnten. Für die Rinder waren die Weidetage gezählt: Die Bullenwiese war ihr letzter Rastplatz auf dem Transport von den Hängen des Bergischen Landes in die Hallen des Kölner Schlachthofes.

Ein Burger-Grill, ein Gartenkaufhaus und ein Logistikzentrum haben der Bullenwiese inzwischen zwar etwas abgefressen, doch die verbliebene Fläche steht seit 2015 endlich unter Naturschutz. Vieh gibt es auch wieder: Marcus Dehrnert startete 2012 einen glücklichen Versuch mit den genetisch hornlosen, schottischen Galloway-Rindern in der Schlebuscher Heide. Heute weiden dort zehn Exemplare der gemütlichen, fruchtbaren Rasse. Zum Bedauern der Vieh-Spotter verziehen sich die Rinder gern als schwarze, rote, blonde oder weiße Flecken an den entfernten Rand der Weide. Die Passanten haben ihre Lieblingsviecher: die große weiße Kuh Svenja, den Gentleman-Zuchtbullen ShyGuy, Bullensohn Dieter oder Sissi, die via Kaiserschnitt die Welt erblickte. Ab März wird auf der Bullenwiese ganz nah am Zaun zum Dünnwalder Grenzweg gekalbt. Wenn sie den Sand über sich aufwerfen, gebärden sich die Galloways wie wilde spanische Stiere, doch der Akt dient nur der Kühlung und Körperpflege und schafft Platz für neue Pflanzen. Von Mai bis Oktober dürfen sich die Galloways in den wuchernden Uferhängen des Vogelparadieses dem Naturschutz durch Beweidung widmen.

Adresse Dünenweg / Dünnwalder Grenzweg, 51375 Leverkusen-Schlebusch | **wupsi** Linien 208, 225, Haltestelle Dünenweg | **Tipp** Der Bogen der Straßburger Straße führt zur Mülheimer Straße. An der Einmündung zur Saarstraße, Hausnummer 1 und 2, liegen die ehemaligen Beamtenwohnhäuser und Verwaltungsgebäude der Sprengstoff AG Carbonit. Das Werk auf dem Gelände der Waldsiedlung flog 1926 in die Luft.

14 Das Bürgermeisteramt
Leverkusen, deine Rathäuser!

Der aufwendig verklinkerte Ziegelsteinbau, in dessen unmittelbarer Nähe bei der Unterführung auch der alte Bahnhof Küppersteg stand, beherbergte nur 18 Jahre lang die Bürgermeisterei. 1892 war die Verwaltung in den Neubau eingezogen. Wiesdorf und Bürrig bildeten damals eine Union mit der Bürgermeisterei Opladen-Land. Nach dem Tod des Opladener Bürgermeisters im Jahr 1889 schieden die Gemeinden Wiesdorf und Bürrig aus der Verbindung aus und stellten in Küppersteg ihren eigenen Bürgermeister.

Anfang des 20. Jahrhunderts wurde in Wiesdorf ein Grundstück erworben und drei Jahre später ein Wettbewerb für einen Rathausneubau ausgeschrieben, der die Bedeutung der aufblühenden Industriegemeinden repräsentieren sollte.

An der Stelle, wo sich heute das Rathaus in der Mall befindet, wurde ab 1909 die Bürgermeisterei Küppersteg in Wiesdorf errichtet. 1910 konnte der Prunkbau bezogen werden. Die Bezeichnung »Rathaus Wiesdorf« verdiente er aber erst zehn Jahre später, nachdem sich die Gemeinden Wiesdorf und Bürrig zu einer Gemeinde zusammengeschlossen hatten. Dieses Wiesdorfer Rathaus hielt immerhin 61 Jahre, bis es aus allen Nähten platzte und 1971 leider abgerissen wurde. Es wich einem verschieferten Bau mit grünem Blendwerk, der hinter einem Brunnenkunstwerk namens »Aquamobil« mit 26 Edelstahlwannen in einem Teich am Rand der City emporragte. Die Halbwertszeit des Rathauses aus den 1970er Jahren erreichte immerhin einen Mittelwert: 2007 wurde es zusammen mit Stadthaus und Bayer-Kaufhaus abgerissen.

Der repräsentative Bau an der sonst recht öden Küppersteger Straße wurde ab 1910 als Sparkasse und später als Post genutzt – und das ist auch heute noch so. Über der Treppe hinter der schweren Tür wird es erfreulich gelb. Die auffällige Farbgebung der Fassade passt nach wie vor ins Bild – ob nun für den Bürgermeister oder einen wichtigen Brief.

Adresse Küppersteger Straße 30, 51373 Leverkusen-Küppersteg | **wupsi** Linie 204, Haltestelle Küppersteg Post | **Tipp** Hinter der katholischen Ziegelsteinkathedrale Christus-König über dem unsäglichen Europaring geht es in die Pestalozzistraße zum Aquilasee. Die Terrassen über dem Teich im Loch haben je nach Witterung zwei sehr unterschiedliche Gesichter.

15 Der Campingplatz

Urlaub bei Freunden

Ein strahlend weißes Motorboot pflügt in weitem Bogen zwischen Autobahnbrücke und Rheindorf rasant Gischt in den Strom, deren verebbende Ausläufer erst ans Ufer nippen, wenn der Kapitän längst an der wackligen Landungsbrücke beim kleinen Campingplatz in Kasselberg festgemacht hat. Die Yachtgesellschaft wandert langsam, gefolgt vom braun gebrannten Steuermann, zu einer wartenden Gesellschaft an einer reichlich mit Kartoffel- und Nudelsalatschalen gedeckten Tafel. Es wird gegrillt. Die Dauercamper haben ihre Wohnwagen der Diamantklasse perfekt zur Uferpartie ausgerichtet. Zwischen Rheinkilometer 702 und 704 wird mit Panoramablick auf Leverkusen gecampt, und fast nirgendwo auf der Welt sind sich Gegensätze so nah wie hier. Ob auf dem Heck des Zugfahrzeugs ein Bayer-Kreuz oder ein Geißbock klebt, schert niemanden. Während der Rhein sich flussabwärts in fast ländliche Umgebung zu verabschieden scheint, zeichnen Deponiehalde, Klärwerk, Autobahnbrücke und die dahinterliegende Werkskulisse das Bild einer Industrieregion.

Direkt gegenüber dem Campingplatz sind vor einem kleinen Wäldchen die rostigen Masten zu erkennen, zwischen denen sich eine Schiffsbrücke über den alten Arm der Wupper spannt, die heute rund 700 Meter weiter stromabwärts in den Rhein mündet. Dazwischen ragt auf mächtigen Betonsockeln das Geäst der Stahlpylonen aus dem Feld, die Stromleitungen in weitem Bogen über den Fluss führen. Bei Hochwasser stehen die Füße der Masten tief in der Flut. Ab einem Rheinpegel von 8,4 Metern wird der Ort um den Campingplatz zu einer Insel, und die Kasselberger Häuser bekommen Stege.

Im Sommer gibt der Strom um den Bootsanleger zwischen den Buhnen meist Kieselstrand frei und lockt den Urlauber, die Füße ins Wasser zu tauchen. Nach Sonnenuntergang lugt unter der Autobahn das Werkslogo als leuchtendes Kreuz des Südens hervor und grüßt alle Süßwassermatrosen.

Adresse Kasselberger Weg 101a, 50769 Köln-Merkenich | **Kölner Verkehrsbetriebe (KVB)** Buslinie 121, Haltestelle Schlettstadter Straße (circa 15 Minuten Fußweg zum Campingplatz) | **Tipp** Bier und beste Rheinische Sülze mit Bratkartoffeln lassen auf der Terrasse der Gastwirtschaft »Kasselberger Gretchen« den Tag am Campingstrand perfekt ausklingen – bis der Partydampfer der Weißen Flotte dröhnend durch den Strom stampft.

16 Die Campusbrücke

Jetzt wächst wieder zusammen, was zusammengehört

Wenn Passanten über die Terrassen am Fuße des östlichen Aufgangs zur Campusbrücke ziehen, scheinen sie sich wie Modellfiguren in einer Architektursimulation zu bewegen. An der Rampe laden Quader zu einer Rast mit Blick auf die Gleise ein. Mit der eleganten Bühne ist den Planern ein markanter, platzartiger Stadtraum gelungen, der die zentrale Achse der Neuen Bahnstadt an ihrem Übergang zum alten Opladen abschließt. Sobald die Studenten auf dem Gelände des Campus Leverkusen eingezogen sind, werden sie die Stufen in den Lernpausen und auf dem Weg aus dem Hörsaal erobern.

Seit 2013 verbindet die gut hundert Meter lange Campusbrücke den noch im Werden begriffenen Stadtteil mit den Ausläufern der Eisenbahnersiedlung, die Anfang des 20. Jahrhunderts errichtet wurde. Über die Stelzen zieht sich ein innen mit Holz verkleidetes Gerippe aus Cortenstahl, das scharfe Schatten auf den Gehweg zeichnet. Die mit einer natürlichen Rostschicht überzogene Metalloberfläche schützt das Bauwerk vor tieferer Zersetzung.

Nur einige Meter entfernt überspannte bis 2004 ein langer, schmaler Eisensteg die Bahngleise zwischen der Wilhelm- und der Werkstättenstraße. In der Mitte des Übergangs führte eine Treppe hinab zum Bahnbetriebswerk Opladen, das einem anderen Zweck als die großen benachbarten Werkstätten diente und von dem leider nichts mehr übrig geblieben ist. Heute macht das ehemalige Gelände des renommierten Ausbesserungswerks den Großteil der Bahnstadt aus. Seit 1910 zogen die Familienangehörigen der Arbeiter über die Henkelmannbrücke, die ihren Namen dem Essensbehälter zu verdanken hat, in dem die mittägliche Pausenration transportiert wurde. Nach einem Bombenangriff 1944 lag der mittlere Brückenabschnitt auf den Gleisen. Ab 1952 war der Weg für die Arbeiter und ihre Henkelmänner über den neu errichteten Steg wieder frei, bis er ein gutes halbes Jahrhundert später für immer weichen musste.

Adresse Werkstättenstraße 25, 51379 Leverkusen-Opladen | **wupsi** Linie 206, Haltestelle Kesselhaus | **Tipp** Noch ist die hübsche Neue Bahnstadt nicht besonders belebt. Vor allem abends kehrt Ruhe auf dem Campus ein. Bei Dämmerung lockt die Küche der gebürtigen Portugiesin Cristina Nau in die leuchtende Insel am Rande der Gleise (Casa Portuguesa, Werkstättenstraße 20, www.casa-portuguesa-lev.de).

17__De Caspers Hüser

Die kleinste Arbeitersiedlung

Unter den Bürgerhäusern am Ufer in der Rheinstraße 54 ist das alte Handelshaus aus dem 17. Jahrhundert sicher der prächtigste Bau. Hier hatten die Besitzer der zweiten Hitdorfer Tabakfabrik Nees-Caspers besten Blick auf den Strom. Nach dem Wiener Kongress und dem Fall des französischen Monopols erfuhren die rheinischen Rauchtabakmanufakturen einen Aufschwung, der den Wohlstand mit sich brachte, um die Residenz zu erweitern. Die Hochwassermarke am linken Giebelhaus mahnt jedoch auch vor der ständigen Bedrohung durch Überflutung. Heute ist in dem historischen Bau ein hübsches Gästehaus untergebracht, ein »Boutique Art Hotel« mit Galerie, Reiki-Massage-Bodywork und etwas fernöstlicher Spiritualität.

Aufwärts in den Ort, nur knapp 300 Meter von der Villa entfernt, hinter der Hitdorfer Hauptstraße, fallen die Gedanken an Hochwasser, frühindustriellen Reichtum und alternative Sinnfindungsmethoden ab. Die hiesige Siedlungsbebauung aus den letzten Dekaden des 20. Jahrhunderts lässt sich zum überwiegenden Teil allenfalls mit »schön öde« umschreiben. Ebenfalls schmucklos, aber umso bemerkenswerter sind hingegen die vier Doppelhäuser und das dreiteilige Reihenhaus auf einer rechteckigen Parzelle in zweiter Reihe an der Lohrstraße.

Die einfachen Häuschen aus rotem Ziegelstein bilden die sicher kleinste Arbeitersiedlung Leverkusens. Das Ensemble ist bei Einheimischen unter dem Namen »De Caspers Hüser« bekannt, was auf Normaldeutsch so viel bedeutet wie »dem Caspers seine Häuser«. Die Miniatursiedlung mit Gärten und Kleintierställen entstand um 1900 für die Arbeiter der Tabakmanufaktur Caspers. Um diese Zeit arbeiteten ungefähr neunzig Beschäftigte in drei Hitdorfer Tabakfabriken. Der Wohnungsbau mag auch für ein Umdenken in diesem Industriezweig stehen. Siebzig Jahre zuvor verarbeiteten 36 Arbeiter Blätter zu Pfeifen-, Schnupf- und Kautabak – 28 von ihnen waren Kinder.

Adresse Weinhäuserstraße 25, 51371 Leverkusen-Hitdorf | **wupsi** Linien 233, 244, 253, Haltestelle Parkstraße | **Tipp** Ein weiteres Hitdorfer Fundstück der Siedlungskultur, die Häuser des Hitdorfer Bauvereins von 1926, liegen etwas weiter nördlich um die Concordia-straße. Direkt daneben, im Kreisverkehr am Antoniushof, strahlt wieder die Persil-Lok.

18 Das CD-Realgymnasium
Fählers Meisterwerk

Anfang der 1920er Jahre begab sich der Wiesdorfer Bürgermeister nach Berlin, um dem Minister für Volksbildung die Erlaubnis für den Bau eines Gymnasiums in der sprießenden Industriestadt abzuringen. Ab 1927 wurde gebaut. Zur Einweihung schenkte Namenspatron Duisberg einmal mehr einen Brunnen. Die Brunnenplastik des Künstlers Ernesto di Fiori steht heute noch im Eingangsbereich der Schule und zeigt eine bronzene Knabenfigur, die ein Schiff in die Wellen entlässt – welch feinsinnige Symbolik. Die zeitgenössische Kritik an Architekt Wilhelm Fählers Ziegelbau bediente sich mehrheitlich Vergleichen mit Galeere, Kaserne oder Gefängnis als Lebensschule.

Fählers Entwurf war tatsächlich streng und funktional, angelehnt an die Schule seiner holländischen Kollegen zu dieser Zeit. Form, Gliederung und der Verzicht auf Ornamente setzen ihn in Bezug zum frühen Internationalen Stil, der damals vor allem in den Niederlanden und Frankreich aufkeimte. Die rechtwinklig zueinander angeordneten Trakte hinter den Ziegelmauern sind kompakt – aus einem Guss. Der Architekt hatte seine Schule bis zu den Kleiderhaken durchgestaltet. Die Balkone sollten den Lehrern in den Pausen Erholung verschaffen und die Schulhofüberwachung sichern. Von einem vorgelagerten Kubus war dies auch bei Regen möglich. Die kommunistische Zeitung »Bergische Arbeiterstimme« kommentierte den Anblick als sonderbar, erwähnte jedoch auch den Leitgedanken zweckmäßiger Schönheit.

Die Ausrichtung des Gebäudes schafft eine Lichtsituation, die wenig vom Studieren in der brütenden Hitze hält. Im schattigen Innenhof fallen großflächige Fensterfronten auf. Am Vormittag liegt die Ostflanke mit den kleinen Fensterbändern und -schächten in gutem Licht. Die Textur des Mauerwerks scheint in einem warmen Rot. Das Schulhaus mit Vorbau, Turm, Balkon und dem zurückgesetzten Obergeschoss zeigt sich dann von seiner eleganten Sonnenseite.

Adresse Am Stadtpark 27 bis 29, 51373 Leverkusen-Wiesdorf | **wupsi** Linien 203, 209, 210, 211, 212, 214, 217, 227, Haltestelle Hindenburgstraße | **Tipp** Einen schönen Vergleich bietet die angrenzende Mittelschule gleich nebenan, die in den Bau des ehemaligen Realgymnasiums überzugehen scheint. Das Gebäude ist ebenfalls ein Fähler, jedoch früher datiert: 1923/1924. Die Schulen sind heute zu einer Realschule zusammengefasst.

19 Der Dampfbahn-Verein
Sehr britisch abgedampft

Im Stadtpark hinter der Schule versteckt, pflegt der Gartenbahnverein »Dampfbahn Leverkusen« seine Gleisanlage, Spurweite 5 und 7 ¼ Zoll. In der Regel wird von Mai bis Oktober an jedem ersten Sonntag im Monat angedampft. Heimat dieses besonderen Hobbys ist natürlich England, wo es in manchen Orten gleich mehrere »Model Engineering Societies« gibt. Die Vereinsmitglieder haben die Anlage herausgeputzt. Ein Publikumszug mit Diesellok V200-001 läuft in den Bahnhof ein – Kinderlächeln, Kuchen, Kaffee, Würstchen, Bier – herrlich!

Unweit der Drehscheibe mit den Arbeitsgleisen steht eine Schubkarre Kohle. Daneben liegt eine rote Werkzeugkiste mit der Aufschrift »Dr. Johannes Grabsch« im Rasen. Grabsch ist der große Mann, der mit der kleinen Lokomotive »Elizabeth« Runde um Runde dreht. Für den Lokführer scheint das Größenverhältnis in Ordnung zu gehen, er ist ganz in seiner Tätigkeit versunken. »Elizabeth ist eine alte Lady, Baujahr 1972. Die 5-Zoll-Lok basiert auf einem Design von Martin Evans, mit einigen Verbesserungen wie einem kupfernen Kessel mit vergrößerter Feuerbüchse, um die die Hauptmenge des Dampfes produziert wird. Davon kann man nicht genug haben.« Gespannt, mit behutsamen Handgriffen bringt Zahnarzt Adler indes seine mit Blumenkranz geschmückte Tenderlok 81 004 unter Dampf und schließlich zur Jungfernfahrt. Das Vorbild stammt aus den 1920er Jahren: stattlich schwarz gekesselt, mit den typisch roten Speichenrädern.

Der englische Straßenbahnschaffner Lillian »Curly« Lawrence alias LBSC (was für London Brighton Coast Railway steht) war einer der Modellbaupioniere. Er entwarf Pläne für über 100 Modelle. »Eine Originallok nur zu miniaturisieren funktioniert nicht«, erklärt Grabsch und versorgt »Elizabeth« mit Dampfzylinderöl. »Das ist mit Schweinefett versetzt, emulgiert im Wasser und transportiert es in die letzten Ecken der Maschine.«

Adresse Rathenaustraße 63, 51373 Leverkusen-Wiesdorf (hinter der Doktorsburg),
www.dampfbahn-leverkusen.com | **wupsi** Linien 203, 209, 210, 211, 212, 214, 217, 227,
Haltestelle Hindenburgstraße | **Öffnungszeiten** Wann gedampft wird, erfahren Sie auf der
Webseite des Vereins. | **Tipp** Jenseits des Sportplatzes auf dem Damm führt ein schattiger
Spazierweg entlang der Dhünn, der einen weitläufigen Blick auf die Sportanlagen der
Bayer-Vereine und des VfL Leverkusen bietet.

20 Die Derr-Siedlung

Ertrotztes Idyll

Aus dem Loch hinter dem Gittertor der Tiefgarage scheppert Rap aus einem Smartphone. Mit ihren Baseballcaps auf den hübschen Frisuren wirbeln sie im Halbdunkel zwischen den Autos über den Betonboden, bis eine Frauenstimme von einem der hundert Balkons krakeelt, dass sie sich verpissen sollen. Die Kinder halten inne und schauen sich fragend an. Dann ziehen sie doch in Richtung Bushaltestelle, die Musik entfernt sich langsam mit ihnen. Der Kiosk, das einzige Geschäft hier oben, führt fast alles, was man täglich so braucht. Die Wand, die vor der Ladenzeile an die Straße ragt, ist mit Keramikkunst gefliest – frühe 1970er halt. In den Hochhäusern, die gestaffelt um einen grünen Innenhof mit Spielplatz aufragen, wird hart an der Grenze gewohnt. Die verläuft gleich bei dem eleganten Kubus, dem Neubau für den Löschzug 15 der Freiwilligen Feuerwehr am Steinberg. Aus der Kindertagesstätte daneben zieht Essensgeruch. Es ist Freitag – wahrscheinlich waren Fischstäbchen im Angebot.

Am Ende der Straße, hinter dem Busch mit dem Wegkreuz hinter der Landstraße Krummer Weg, wird es ländlich um die Autobahn. Oft zieht eine Schafherde auf die Wiese bis in den Häuserschatten nördlich der Albert-Schweitzer-Straße. Zwischen Bolzplatz und Waschbetonwänden haben Bewohner nützliche Gärtchen angelegt, in denen Sonnenblumen und prächtige Stangenbohnen das Bild vor der kleinen Trabantenstadt zieren. Männer und Frauen knien sich durch ihre umgatterten Vierecke und trotzen der Siedlung am Stadtrand ihr kleines Idyll ab, ernten etwas Gemüse.

Auf der Autobahn steht in den Ferien die Pkw-Lawine auf ihrem Weg zu Nord- und Ostsee. Von dort blicken die Reisenden noch einmal aus dem Wagenfenster über die Wiesen, hinter denen die Blöcke der Derr-Siedlung aufsteigen. Streckenkenner unter den Urlaubern überkommt das Glücksgefühl eines kleinen Erfolgs: »Leverkusen haben wir schon mal geschafft.«

Adresse Fichtestraße, 51377 Leverkusen-Steinbüchel | **wupsi** Linien 207, 210, 211, 217, 224, Haltestelle Fichtestraße | **Tipp** Überhaupt nicht auf dem Berg, sondern im Tal liegt der ehemalige Rittersitz Steinbüchel mit Herrenhaus und Hofanlage; Auf'm Berg 2.

21 Dhünnkilometer 11,1

An der Stadtgrenze

Die Landstraße von Schildgen nach Schlebusch zieht sich über eine lange Gerade durch die Ebene, als wolle sie klarstellen, dass man hier die Hügel des Bergischen Landes endgültig hinter sich gelassen hat. Hinter der strahlenden Villa bei der Dhünnbrücke und dem Ortsschild folgt eine Wegkreuzung, an deren Einmündung in einen Feldweg rechts ein kleiner Betonklotz mit der eingegossenen Ziffer 11,1 steht. Es ist einer der 30 Markierungssteine, die seit einigen Jahren mit Kilometerangabe den Wander- und Radweg entlang der Dhünn begleiten. Auf der Oberseite der Steine stilisiert eine Einkerbung den Flussverlauf von der Großen Dhünntalsperre bis zur Wuppermündung.

Aufgrund ihrer Schlichtheit und der Anschaffungskosten stoßen sich Bürger beiderseitig der Stadtgrenze an ihnen und nennen sie wenig liebevoll »Pinkelsteine«. – Doch zurück zum Fluss, der sich gegenüber der Wegmarke entlang des Weilers Hummelsheim schlängelt. Neben einem Fachwerkhäuschen wird der winzige Ortsteil von einem Gut dominiert, auf dem das Pferd die Hauptrolle zu spielen scheint. Ein Warnschild an der Zufahrt zum Hof gestattet nur Pferdeverrückten den Zutritt. Neben Reithalle, Pferdepension, Pferdezucht und -verkauf widmet sich der Betrieb des Landwirtes Georg Hummelsheim auch der Haltung von Fleischrindern der Rassen Blonde d'Aquitaine und Limousin.

Bis zu seiner Rettung 2006 trieb ein mehrfach verschollener historischer Grenzstein Versteckspiel im Weiler. Der meterhohe Pfeiler ist heute Teil der Ausstellung im »Haus der Leverkusener Stadtgeschichte«. Er trägt die Inschrift »1648«, das Bild eines Rechens sowie zwei kleeblättrige Kreuze. Er stand zwischen den Kirchspielen Schlebuschrath und Odenthal und markierte 200 Jahre die Grenze zwischen zwei unterschiedlichen Grundherrschaften und den Bergischen Ämtern Porz und Miselohe. Erst 1807 verleibte sich die Grafschaft Morsbroich Gut Hummelsheim ein.

Adresse Hummelsheim, 51375 Leverkusen-Hummelsheim | **wupsi** Linien 212, 222, Haltestelle Hummelsheim | **Tipp** Der Wirtschaftsweg, der gegenüber Hummelsheim geradeaus auf den Waldrand zuführt, geht dort am Hang in einen Pfad über, der im Ort Edelrath endet. Hier geht es jedes Jahr im September beim Seifenkistencup mit 60 Stundenkilometern bergab.

22 Die Diepentaler Talsperre

Zeitweise ausgelaufen

Am nördlichsten Rand der Leverkusener Stadtgrenze liegt das Naherholungsgebiet Diepentaler Talsperre. Der Brückenschlag nach Leichlingen führt über einen Fahrweg, der für den Autoverkehr gesperrt ist. Der Damm des Sees, der vom Murbach gespeist wird, war im Laufe der Zeit durchlässig geworden. Deshalb wurde der Pegel 2012 gesenkt, und dort, wo seit Generationen Vater, Mutter, Kind mit Paddel- oder Tretboot dahindümpelten, stehen nun die Wasservögel vielleicht natürlicher, aber ratlos starrend im Schlick.

Die Bötchen mit ihrem verblassten Anstrich und der Anleger waren zwar schon mächtig in die Tage gekommen, hatten jedoch in dem Gesamtkunstwerk namens »Ausflug mit Oma« ihre liebenswert nostalgische Rolle. Leider gibt es diese Attraktion nicht mehr.

Nach dem Weg vom Parkplatz über den breiten Steg besteht das Pflichtprogramm in einer Umrundung des westlichen Seeteiles. Am Hang kleben Wochenendhäuschen mit reichlich Lokalkolorit; entlang des Staudamms über dem Hof grasen Schafe, die sich auch vom wildesten Kleinkläffer nicht aus der Ruhe bringen lassen. Zurück im Epizentrum des Vergnügens warten Minigolfpartie, Bauernstube, Biergarten, Kiosk und ein 1950er-Jahre-Traum von einem kleinen Pavillon. Leider außer Betrieb ist das winzige Fahrgeschäft für Kinder um einen Autoreifen.

Wer ein Faible für Dauercampingromantik hat, darf durch das Wohnwagenidyll entlang der Vorzelte schlendern. Den Höhepunkt der Zeitreise stellt ein Aufenthalt im Waldquellfreibad dar, dessen frisches, kühles Wasser an den Beckenrändern im Hang über dem See schwappt. Umkleidekabinen mit weiß lackierten Holztüren so wie hier werden seit der Währungsreform 1948 nicht mehr gebaut. Und fast stellt sich die Frage, warum es eine Bürgerinitiative »Rettet die Diepentaler Talsperre« gibt. – Es kann nur noch schöner werden, wenn der Pegel wieder steigt!

Adresse Diepental, 51381 Leverkusen-Bergisch Neukirchen | **wupsi** Linien 239, 240, Haltestelle Pattscheid Bahnhof | **Tipp** Gut 1,5 Kilometer den Murbach hinab liegt die Wietschemühle, ein Ausflugslokal aus einer anderen Zeit, in dem auch flaschenweise Fruchtwein ausgeschenkt wird; Wietsche 21, 42799 Leichlingen.

23 Die Doktorsburg

Haus der älteren Bürger

Der Platz vor der ockerfarbenen Fassade der Doktorsburg ist hell und freundlich. Vor den Blumenrabatten, die frech und bunt aus den Beeten lachen, blitzt das Geflecht der dürren Stäbe einer Stahlskulptur im Licht. Würden die Scheinwerfer der Stadtbeleuchtung von dem Turm im Park noch auf das Anwesen strahlen, ginge die Sonne hier niemals unter. Die Ruhebänke an der Mauer unter der Pergola bleiben meist unbesetzt. Hinter der Straßenschneise zur Unterführung kann man mit etwas Mühe einen Elefantenpo erspähen (siehe Seite 64). Dass die Doktorsburg, eines der ältesten Anwesen Leverkusens, heute ausgerechnet das »Haus der älteren Bürger« beheimatet, hat sich ein Schelm von einem Beamten ausgedacht. Besonders ältere Bürger dürften sich noch erinnern, dass nach dem Zweiten Weltkrieg hier die Stadtbibliothek untergebracht war.

Während des Nationalsozialismus wurde das Herrenhaus tiefbraun. Viel zu lange konnten NSDAP-Mitglieder aus den Fenstern über ihre Adolf-Hitler-Straße zur Kolonie blicken. Die Wiesdorfer Gemeinde hatte 1910 für 80.000 Mark Burg und Umland erworben, um die Regulierung der Dhünn zu bewerkstelligen und einen Volksgarten anzulegen. Auf dem Gelände des Forums stand damals noch der Büchelter Hof, auf den der ursprüngliche Name der Doktorsburg »Haus Büchel« oder zur Unterscheidung »Oberbüchel« zurückgeht.

Erstmalig erwähnt wird der Besitz 1171 in einer Urkunde des Klosters Altenberg. Der Name Doktorsburg entstammt dem Volksmund und rührt von dem Kölner »Doktor der Rechte« Jakob von Ompahl her, der die ehemalige Wasserburg im 16. Jahrhundert bewohnte, bevor sie 1682 durch einen Landkomtur von Merode für den Deutschen Orden erworben wurde. Dessen Wappen ist über dem Seiteneingang noch sichtbar. Ein Bild der Doktorsburg aus früherer Zeit zeichnet das Werk eines Solinger Landschaftsmalers von 1846. Eine Reproduktion ist im »Haus der Stadtgeschichte« (siehe Seite 206) ausgestellt.

Adresse Rathenaustraße 63, 51373 Leverkusen-Wiesdorf | **wupsi** Linien 203, 209, 210, 211, 212, 214, 217, 227, Haltestelle Hindenburgstraße | **Tipp** Hinter der Bahnunterführung steigt die Rampe zur Ypsilon-Brücke an eine Terrasse mit einer gerundeten Sitzgruppe aus Waschbetonsteinen, von denen der Blick über den weiten Vorplatz auf Leverkusens kulturelles Zentrum, das Forum, mehr als frei ist.

24_Die Dynamit-Nobel-Verwaltung

Lohn der Angst

Berg-, Straßen- und Eisenbahnbau sowie Munitionsbedarf waren seit dem ausgehenden 19. Jahrhundert die Garanten für gute Renditen im Sprengstoffgeschäft. Straßennamen weisen in Leverkusen noch heute auf die explosive Industrie hin: In Küppersteg gibt es einen Zündhütchenweg. Die Wiesdorfer Nobelstraße war früher der Dynamitweg zu einem Dynamithafen am Rhein. In der südlichen Sackgasse der Manforter Kalkstraße an der Güterstrecke liegt etwas versteckt eines der letzten baulichen Überbleibsel dieses Industriezweiges in Leverkusen – das Verwaltungsgebäude der Dynamit Nobel A.G. Werk Schlebusch aus dem Jahr 1871.

Der Heidestreifen im Rechtsrheinischen war vergleichsweise dünn besiedelt, und der Sandboden besaß Dämpfungseigenschaften bei Erschütterungen – gute Voraussetzungen also für die Ausdehnung der Produktion von Schwefel- und Salpetersäure, Nitroglyzerin und schließlich Alfred Nobels Marke Dynamit. Doch wo die Produktion ihre Zelte auch aufzuschlagen suchte, gab es Protest, weil entweder Säureberge die Luft verätzten oder es einfach andauernd mächtig knallte. In Dünnwald war Anfang 1870 eine ganze Fabrik in die Luft geflogen. Der Betreiber suchte Rat bei Nobel, nach dessen Plänen die Anlage in der Wiesdorfer Heide neu errichtet wurde. Ab 1873 wurde Alfred Nobel technischer Leiter vor Ort. In diese Zeit fallen gleich zwei weitere Gründungen von Sprengstofffabriken in Leverkusen. Aus dem heutigen Stadtgebiet kam 1913 ein Drittel der hochexplosiven Stoffe, die im Deutschen Reich hergestellt wurden. Die Liste der Unfälle aus dieser Zeit fällt entsprechend umfangreich aus. Seit 1999 wird in Manfort kein Sprengstoff mehr hergestellt.

Heute produziert die »Dynamit Nobel GmbH Explosivstoff- und Systemtechnik«, ein Unternehmen der Novasep Gruppe, am Standort Manfort Bausteine für Arznei- und Pflanzenschutzmittel.

Adresse Kalkstraße 218, 51377 Leverkusen-Manfort | **wupsi** Linie 207, Haltestelle Kalk-straße | **Tipp** Hinter dem Firmengelände liegt an der Bahnlinie der markante Dynamit-Nobel-Wasserturm. Er ist eine Art Scheinriese, denn er wirkt aus der Ferne groß, ist aber vor Ort im Wald kaum zu finden.

25 Der ehemalige Güterbahnhof

Blühende Landschaften

Das, was vom Bahnhof Morsbroich übrig geblieben ist, sucht man auf der amtlichen Stadtkarte von Leverkusen vergeblich. Um eine graue Fläche gruppieren sich zwar ein paar braune Rechtecke, die Gebäude ausweisen, doch die Ruine zählt nicht dazu oder wurde einfach verschoben. Das Niemandsland zwischen der Unterführung der Schnellstraße und dem Firmengelände eines Containerdienstes ist durch einen Bauzaun abgesperrt. Der beste Blick auf das ehemalige Betriebsgebäude ergibt sich von der Sackgasse auf der anderen Seite der Bahngleise aus. Von dort lässt sich der goldene, lückenhafte Frakturschriftzug auf der Natursteinfassade unter dem morschen, schiefergedeckten Dach bewundern. Es passt ganz gut ins Bild, dass die Ortsbezeichnung »Morsbroich« vollständig zu lesen ist, »Leverkusen« aber einige Lettern fehlen: Als der Bahnhof Ende der 1880er Jahre zu einer Güterstation zurückgestuft wurde und hier die letzten Passagiere ausstiegen, lag die Gründung der Stadt Leverkusen am 1. April 1930 noch in weiter Ferne.

Der Bahnhof lag an der Strecke der Rheinischen Eisenbahngesellschaft, die im Stadtgebiet ab 1873 errichtet wurde. Sie war die dritte der Eisenbahnlinien, deren Trassen heute noch durch Leverkusen führen. Seit 1868 hielten die Züge der Bergisch-Märkischen Eisenbahn bereits am benachbarten Bahnhof Schlebusch, der in Manfort liegt.

Der erste Zug der Köln-Mindener Eisenbahn zwischen Köln-Deutz und Düsseldorf lief am 15. Dezember 1845 im Küppersteger Bahnhof ein. An diesem Tag waren seit der Eröffnung der ersten Eisenbahnstrecke in Deutschland zwischen Nürnberg und Fürth nur zehn Jahre ins Land gegangen. Zwischen Dhünn, Wupper und Rhein hatte eine neue, technische Epoche begonnen. Der Zustand eines der wenigen letzten Relikte, die in Leverkusen an den aufblühenden Eisenbahnverkehr erinnern, stimmt traurig.

Adresse Paracelsusstraße 2, 51375 Leverkusen-Schlebusch (Wendehammer Sackgasse) | **wupsi** Linien 209, 210, 211, 217, 222, 227, Haltestelle Scharnhorststraße | **Tipp** Ein großzügiger Vorplatz gibt der evangelischen Johanneskirche im Schatten des gegenüber-liegenden Hochhauses Raum zur Entfaltung. Die Kirche wurde in den frühen 1950er Jahren errichtet und vom Architekten Otto Bartning geplant; Scharnhorststraße 40.

26 Das Ehrenmal

Last des Krieges

Am Anstieg der Landstraße nach Bergisch Neukirchen ist der Wegweiser zur Kriegsgräberstätte schnell passiert. Wer hier hält, tut dies meist wegen der Gebrauchtwagenkolonne, die sich ein paar Meter weiter neben dem rechten Fahrbahnrand aufreiht. Ein Spaziergang über den Friedhof droht an einem tristen Tag mit Depression, dennoch sollte die Neugier siegen und zur Umkehr bewegen: Hinter der Mauer, unter dem hohen Laubdach, kehrt gespenstische Ruhe ein. Das Gräberfeld ist eine dunkle Wiese, an deren äußerem Rand ein paar Reihen Steinkreuze aus dem Moos wachsen. Ein Großteil der Gräber erinnert an zivile Opfer, die 1944 bei einem massiven Luftangriff auf das Opladener Reichsbahnausbesserungswerk den Tod fanden.

In angemessenem Abstand zu den kleinen Kreuzen ragt ein Kubus aus dem Rasen: Das Ehrenmal ist den im Ersten Weltkrieg fürs Vaterland gefallenen Werksangehörigen gewidmet. In Auftrag gegeben hatte es der Direktor der Farbenfabriken Duisberg bereits 1916. 1920 wurde es errichtet – allerdings an anderer Stelle: Bis 1980 thronte es im Hindenburgpark der Werkskolonie Johanna in Wiesdorf. Damals wurden Anlage und Denkmal immer wieder Ziel von Vandalismus, der als Friedensappell verstanden werden wollte. Das Denkmal wurde aus der Angriffslinie gezogen.

Für Duisberg wie fast jeden Unternehmer gehörte es zum angemessenen, vaterländischen Ton, eine Gedenkstätte zu errichten. Das Verhältnis des Künstlers zu seinem Mäzen lässt sich als emanzipiert bezeichnen, und so zeichnet Fritz Klimsch mit seinem Werk ein Bild, das den Vorwurf der Überhöhung auf bedrückende Weise abschwächt: Der mächtige Stahlhelm und das Schwert liegen wie eine erdrückende Last auf der gebeugten Kreatur im Relief des Kolosses. Im Raum zwischen großer Geste und schlichten Grabkreuzen scheint eine ewig mahnende Leere zu herrschen, die dem Besucher auf seiner Rückkehr zu den Lebenden einen Schauer in den Nacken jagt.

Adresse Am Ehrenfriedhof, 51379 Leverkusen-Opladen | **wupsi** Linien 201, 206, 223, 231, 239, 240, 251, 253, 258, Haltestelle Talstraße | **Tipp** Nach dem Besuch des traurigen Ortes hebt sich die Stimmung im Naturgut Ophoven, einem Umweltbildungszentrum für Kinder und Erwachsene auf dem Gelände eines alten Gutshofes; Talstraße 4.

27 Die Eisenbahner-Wohnhäuser

Bevorzugte Lage

Mit dem Bau der Königlichen Eisenbahn-Hauptwerkstätte wuchsen ab 1903 zu beiden Seiten der breiten Gleisschneise zwischen Bahnhof und dem weitläufigen Werk Siedlungen empor. Am nordöstlichen Rand des Firmengeländes, der heutigen Neuen Bahnstadt, sind noch die Mietwohngebäude für Arbeiter und Werkmeister an der Werkstättenstraße erhalten. In der Anfangszeit hatten dort die Anwohner wenig Freude an der Ernte aus ihren Hausgärten; die Wäsche, die zum Trocknen an den Leinen dicht bei der Werksmauer hing, war rasch grauer als grau, und durch die Fensterritzen drangen Rauch und Ruß der Lokomotiven. Dies änderte sich mit der Errichtung eines Anheizschuppens im Jahre 1909. Etwas weiter entfernt – und eher verschont von den qualmenden Lokomotiven in der Werkstatt – lag der beliebtere Teil der Wohnhäuser entlang der heutigen Humboldt- und Robert-Koch-Straße. Weitgehend saniert und nahezu durchgängig erhalten säumt dort heute noch die Eisenbahnersiedlung die ehemalige Grenze zu den Gleisanlagen.

Von der Stadtmitte her waren die Bauten sorgfältig nach dem Status ihrer Bewohner in der Werkshierarchie gestaffelt. Die Inspektionsvorstände durften sich in prächtigen Einzelhäusern noch etwas näher zur Ortsmitte niederlassen als die Beamten. Dort, wo heute die Hochhäuser stehen, begann der Siedlungsbereich für die Arbeiter, der sich von der Karlstraße bis zur Adalbertstraße zieht. Die ehemaligen Nutzgärten sind längst zu grünen Höfen geworden, mit Wiesen und Ruhezonen. Die Schließung der Werkstätten ist noch nicht so lange her: An den Klingelschildern der rückwärtigen Eingänge sind noch viele Namen ehemaliger Eisenbahner zu finden. Bei einem entwurzelten Prellbock auf einem kleinen Platz glänzt messingfarben eine Informationstafel mit Wissenswertem zur Opladener Eisenbahngeschichte.

Adresse Adalbertstraße, 51379 Leverkusen-Opladen | **wupsi** Linien 201, 202, 203, 222, 250, 251, 255, Haltestelle Augustastraße | **Tipp** Ein weiteres Glanzlicht des Opladener Siedlungsbaus strahlt um die Feuerwache in der Kanalstraße 45. Die Wohnhäuser für die Mitarbeiter der Feuerwehr sowie die stattliche Wache mit Turm und Gerätehaus entstanden ab 1922.

28___Der Elefantenbrunnen

Das Tier vom Gaul

Die Geschichte des Elefantenbrunnen in der jüngsten Bayer-Werkskolonie beginnt 1916 in Berlin mit dem Entwurf eines Tierplastikers mit dem famosen Namen Gaul. Während eines Besuchs in der Reichshauptstadt entdeckte Direktor Duisberg das Modell des Dickhäuters, der von Pelikangruppen umgeben ursprünglich einen Brunnen in Charlottenburg zieren sollte. Auf der Suche nach einer Brunnenplastik für die nach seiner Frau Johanna benannte Kolonie III war der Mäzen fündig geworden. Eine verkleinerte Ausführung musste den Weg in die Siedlung finden.

Indes wurde die Zeit knapp. Duisberg sah nicht nur aufgrund kriegsbedingten Materialmangels traurige Zeiten für kunstvolle Brunnen kommen. – Gaul war schwer krank in Meran im Kuraufenthalt verschwunden. Duisberg drängte, der Brunnensockel stand schon, das Modell befand sich bereits in einer Duisburger Gießerei, wo das Tier ohne Gauls Aufsicht mit dessen Einvernehmen vollendet wurde. 1922 war der Elefant aufgestellt und August Gaul tot. Völlig absurd wird die Brunnengeschichte, nachdem sich die Nationalsozialisten in der gegenüberliegenden Doktorsburg (siehe Seite 54) mit ihrer Zentrale breitmachten. Die braune Führung überkam Unlust beim Anblick des schönen Hinterns und befahl, das Tier wenden zu lassen. Ein Bürgerbegehren bescherte den Koloniebewohnern erst 2007 wieder die ursprüngliche Ansicht: Nach über 70 Jahren »Fehlstellung« wurde der Elefant zurückgewendet.

Treffend beschrieben wird das Kunstwerk in einem Artikel von 1922 über die plastische Kunst in Wiesdorf in der Zeitschrift »Die Erholung«: »Der blöde Blick, die kurzen Stoßzähne, die riesigen lappigen Ohren, das kleine, gerade herunterhängende Schwänzchen, endlich der gebogene wasserspeiende Rüssel, alles zusammen ist von so restloser Naturtreue und gleichzeitig mit so viel Humor und so zierlich gebildet, dass man mit einem Lächeln dieses Kabinettstück verlässt.«

Adresse Havensteinstraße 7, 51373 Leverkusen-Wiesdorf | **wupsi** Linien 203, 209, 210, 211, 212, 214, 217, 227, Haltestelle Hindenburgstraße | **Tipp** Hinter dem Torbogen um den Hindenburgplatz erschließen sich die geraden Straßen der Kolonie III. Der Hindenburg-Bunker in der Siedlung beheimatet ein Jugendzentrum.

29 Die Erbbegräbnisstätte

Im Finsterwald

Vom Fußweg über der Schnellstraße zwischen dem Museum Morsbroich und der Bahnunterführung zweigt auf halber Strecke rechts ein unscheinbarer Trampelpfad in den Buchenwald ab. Nach zwei Wegbiegungen taucht in einer Buschlichtung eine stattliche Grabstelle auf, die aufgrund ihrer Substanz geschichtliche Bedeutung erahnen lässt. Ansätze von Grundpflege sind zu erkennen. Pracht will sich angesichts des Zustandes jedoch nicht einstellen. Der Erbbegräbnisstätte der Familie von Diergardt kann je nach Umfang der Schnapsflaschenansammlung nur ein fallender Grad auf der Skala zwischen Entrückung und Schauder bescheinigt werden. Bei einem Ausflug zum Schloss sollte man den Abstecher zum Grabmal dennoch keinesfalls auslassen.

Ach ja, die von Diergardts! 1795 überquerten französische Revolutionstruppen den Rhein. Mit der Besetzung des Landes fiel die feudale Ordnung, und nach der Auflösung des Deutschritterordens gelangte das Haus Morsbroich aus dessen Besitz in Staatseigentum. Ein französischer General wurde Großherzog von Berg und damit Eigner der Immobilie. Er schenkte sie seinem Finanzminister Agar. Der fand wenig Interesse an seiner Grafschaft und verkaufte Morsbroich an einen Kölner Bankier.

Indes war ein Seidenfabrikant vom Niederrhein schwer damit beschäftigt, in den Freiherrenstand erhoben zu werden: Friedrich Diergardt. Dazu fehlte ihm ein vererbbares Landgut, weshalb er 1857 Morsbroich erwarb. Die Familie von Diergardt nutzte das Haus zunächst eher als Sommersitz. Friedrich starb 1869 dort als reichster Unternehmer der Rheinprovinz. Enkel Friedrich Daniel ließ sich hier ab 1880 dauerhaft nieder. Das Haus wurde erweitert und hieß dann auch Schloss. Erst seit dieser Generation sind die von Diergardts im Wald an der Schnellstraße begraben. Wer es schafft, die Flechte an den Grabsteinen abzukratzen, kann die Namen entziffern.

Adresse Gustav-Heinemann-Straße, 51377 Leverkusen-Manfort | **wupsi** Linien 212, 214, Haltestelle Museum Morsbroich | **Tipp** Ein paar Meter zurück, die Treppen hinter der Brücke hinab, säumt ein Uferweg die Dhünn. Einsam ragen dort Ruhebalkone mit blau gestrichenen Geländern über den Fluss. Gestalterisch gehören sie zur Siedlung Alkenrath aus den 1950er Jahren.

30__Das Erholungshaus

Kultur am Ende der Welt

1910 erschien »Die Erholung« als eine der ersten Werkszeitschriften Deutschlands. Sie richtete sich an Mitglieder des Erholungshauses und Bayer-Vereine. Das Organ mit dem schönen Namen sollte über die bildenden und künstlerischen Bestrebungen des Unternehmens und seiner Werktätigen berichten und gleichzeitig Bekanntmachungen der Firma und ihrer Einrichtungen veröffentlichen. Eine Illustration der Zeitschrift zeigt neben ihrem Titel zwei kleine Abbildungen der Werksansicht und des Firmensignets (den Löwen mit der Weltkugel), ein Bild des Kaiserplatzes in der Kolonie II sowie das Erholungshaus und die Lesehalle.

Der aufstrebende Industriestandort, der von Auswärtigen gerne als Ende der Welt abqualifiziert wurde, brauchte Kultur, Sport – und Erholung. Bereits 1908 wurde nahe der Werkskolonie II das Erholungshaus als Heimstatt für gesellige und belehrende Veranstaltungen mit 1.000 Plätzen errichtet. Bei Bayer schafften damals gerade 5.000 Werktätige. Das Haus hatte es in sich: Festsaal, Lesehalle, Proben- und Unterrichtsräume, Kegelbahn, Billardzimmer und ein Restaurant sollten für die gewünschte Auslastung sorgen. Beim Saal mit Galerien und Bühnenanlage handelte es sich um eine Art Mehrzweckhalle, an deren Seiten die Seile und Ringe für die Turner angebracht werden konnten. Unter der Bühne befanden sich Umkleiden und Baderäume für die Sportler. Eine Schnitzelgrube unter dem aufklappbaren Bühnenboden erlaubte das winterliche Trainieren der Sprungdisziplinen, seitlich davon konnten Recks ausgefahren werden. Auf dem Außengelände waren ein Restaurationsgarten und hinter dem Gebäude zum Wohlfahrtspark hin ein Sommerturnplatz angelegt.

1909 gab es erstmals Theater: Den »Zerbrochenen Krug« wollten 1.300 Zuschauer sehen, also mussten einige mit Stehplätzen vorliebnehmen. Bis heute gastieren in der Hauptspielstätte der Bayer-Kulturabteilung Ensembles von außergewöhnlichem Rang.

Adresse Nobelstraße 37, 51373 Leverkusen-Wiesdorf | **wupsi** Linien 203, 208, 210, 211, 233, Haltestelle Erholungshaus | **Tipp** Das freundliche Häuschen mit grünen Schlag-läden am Eingang zum Erholungshauspark in der Nobelstraße 35a trägt den geschwungenen Schriftzug »Gartenverwaltung Farbenfabriken vorm. Fried. Bayer & Co. Verkauf«. Hier hat die Bürgervereinigung Kolonie II und III ihren Sitz.

31 Das EUMUCO-Logo

Der Mann mit dem Hammer

Trotz des regen Busverkehrs ist es um den Bahnhof Schlebusch, der kein richtiger Bahnhof ist und in Manfort liegt, sehr öde: Parkplatz, Imbiss, Kiosk, Bäckerei, ein Fußgängertunnel zum Fürchten, kein Taxi am Taxistand, die Fassaden vis-à-vis – Motive für den Abreißkalender. Über dem Bahnsteig steckt ein windiges Holzdach. Ein klotziger Kirchenbau klebt über der Unterführung an der Schnellstraße. Das letzte Mal ist hier 1949 etwas passiert: Eine Reisegruppe musste wohl sparen, deshalb war sie auf einem Lastkraftwagen mit zwei Anhängern unterwegs. Damals gab es noch eine Bahnschranke, die sich an einem Montag im August kurz hob, um einen Radfahrer durchzulassen. Der Lkw-Fahrer wollte folgen, als der Zug aus Köln bereits nahte und den ersten der Anhänger erfasste. 18 Buben auf dem Rückweg aus dem Ferienlager im Weserbergland kamen ums Leben.

Jenseits der Gustav-Heinemann-Straße bleibt die Stimmung getrübt. An der Zubringerschleife zwischen Gewerbegebiet und Finanzamt tut sich nichts Helles, Schönes auf – also ab in die nächste Regionalbahn? Die kommt heute voraussichtlich 60 Minuten später: Tiere im Gleis.

So bleibt doch etwas Zeit für eine Entdeckung, die es vielleicht bald nicht mehr gibt. Wo an der Bahnlinie Richtung Wuppertal der Moosweg vor dem Firmenparkplatz abknickt, erheben sich hinter Brombeerhecken und den Gleisen Industriehallen. Unter deren Giebeln sind drei Männer mit Hämmern noch gut zu erkennen. Das Firmenlogo der Eisengießerei und Maschinenfabrik Eulenberg, Moenting & Co. ist ein beeindruckend dynamisches Kraftbild: Die Silhouette aus der muskulösen Figur und ihrem schweren Werkzeug stilisiert die Konstruktion eines Dampfhammers aus der Werksproduktion.

Eulenberg, Moenting & Co. ließ sich 1911 in Manfort nieder und firmierte ab 1926 unter dem Namen EUMUCO. Die Produktionsstätte der SMS EUMUCO schloss 2008.

Adresse Fabrik: Josefstraße 10, 51377 Leverkusen-Manfort | **wupsi** Linien 209, 210, 211, 217, 222, 227, Haltestelle Bahnhof Leverkusen-Schlebusch | **Tipp** Die Aussicht vom weitläufigen Parkdeck des real-Warenhauses, Stixchesstraße 123, schärft den Blick fürs Wesentliche – besonders sonntags.

32 Der Feierabendbrunnen

Nach der Schicht Akkordeon

Umringt von Koloniehäusern liegt das von einem spitzzackigen Zäunchen eingefriedete Rechteck Rasen, in dessen Mitte der Akkordeonspieler den Werksheimkehrer zum Feierabend mit einer Weise grüßt. Vor einigen Jahren hatte der Musikant noch grüne Haare: Unter einer Moosdecke drohte das Werk zu verrotten. Heute trägt der Mann wieder altersgerechtes Grau. Für den Erhalt des Feierabendbrunnens hat sich die Bürgervereinigung Kolonie II und III starkgemacht.

Die Denkmäler der Kolonie II zeichnen ein Bild der Quartiere, die sich unter der Schirmherrschaft eines Mäzens auf dem Weg zum Gesamtkunstwerk befanden. Der Feierabendbrunnen steht etwas im Schatten der Werke eines anderen Meisters: Fritz Klimsch – Lieblings-Bildhauer des Bayer-Generaldirektors Carl Duisberg. Der musikalische Springbrunnen wurde hingegen vom Bildhauer Job Hammerschmidt geschaffen – zur Erbauung der Werktätigen vom sogenannten Geheimrat Duisberg gestiftet. An einem Sonntagvormittag im November 1913 war das Bayer-Direktorium in Anwesenheitspflicht zur Enthüllung angetreten.

Ebenfalls in der Kolonie II stand Klimschs Wohlfahrts- oder Mutter-Kind-Brunnen, den Duisberg und seine Gemahlin anlässlich ihrer Silberhochzeit stifteten. Die Aufführungen gleich mehrerer Werksvereine zum Festakt waren dem Organ der SPD, der »Bergischen Arbeiterstimme«, zu anbiedernd: Die Zeitung kommentierte bissig, dass die Teilnehmergruppen noch einen Schwanz zum Wedeln erhalten sollten. Auch der Korrespondenz einzelner Künstler mit ihrem Förderer Duisberg lässt sich eine Untertänigkeit entnehmen, die den Mäzen fast zur Vaterfigur erhebt. Die Kolonien und ihr künstlerischer Schmuck bestehen heute als enorme Bereicherung des Siedlungsbaus. Angesichts der Errichtung herrschaftlicher Direktionsgebäude am Werk hallt die damalige Kritik als »im Ton vergriffen« eher nach. Der Mann mit der Ziehharmonika stimmt an.

Adresse Carl-Duisberg-Platz, 51373 Leverkusen-Wiesdorf | **wupsi** Linie 208, Halte-stelle Adolfsstraße | **Tipp** Livemusik gibt es seit 1967 in Wolfgang Orths legendärem Jazzclub topos in der Hauptstraße 134.

33 Die Feuerwehr Bürrig
Ich will Feuerwehrmann werden

Durch eine Hofeinfahrt in Bürrig fällt der aufmerksame Blick gleich auf das Feuerwehrhaus, das in seinem Größenverhältnis heute unentschieden scheint: Es möchte groß werden, verharrt aber doch in nahezu geschrumpfter Gestalt. Der Bau entstand zwischen 1927 und 1928, gleichzeitig zum Realgymnasium (siehe Seite 44) in Wiesdorf, und zeigt wie dieses Details und die typische Handschrift des Architekten Wilhelm Fähler, dessen Schaffen zahlreich ins Leverkusener Stadtbild gesät ist. Von Fählers Bauten geht trotz ihrer Schlichtheit ein rätselhafter Zauber aus, der zwischen den Zeiten zu liegen scheint und gleichsam verwundert wie beglückt. Bei der Entdeckungsreise durch Leverkusen wecken seine Werke den Wunsch, sie mögen die Lücken schließen und sich zu einem Gesamtbild in der Stadt verdichten.

Die Bauzeit fällt in eine Schaffensperiode, die von deutlichen Parallelen zum Stil seines niederländischen Kollegen Willem Marinus Dudok geprägt ist. Diesem gelang es in Hilversum, das heute etwa halb so groß ist wie Leverkusen, das Stadtbild mit über siebzig Bauwerken auszustatten. 1928 begab sich der technische Rat der Stadt Wiesdorf auf Studienreise in die Niederlande. Ein Jahr später besuchte Fähler seinen Berufsgenossen.

Das Feuerwehrhaus ist an die Volksschule angebaut und wurde zeitgleich mit einer Badeanstalt und einer Turnhalle errichtet. Blau-rotes Klinkerblendwerk umhüllt die Ziegelmauern des aufstrebenden Schlauchtrockenturms und des Flachbaus. Die Übungsplattformen, die wie Sprungtürme in einem Freibad anmuten, scheinen die beiden Gebäudeteile zusammenzuhalten. Die Hausmeisterwohnung hinter den Schlagläden in der ersten Etage weckt, von außen betrachtet, heimliche Berufswünsche.

Im Baudenkmal hat der Löschzug 13 der Freiwilligen Feuerwehr Leverkusen seine Heimat. Wenn beim Feuerwehrfest die Einsatzfahrzeuge dicht auf dem Hof stehen, wirkt Fählers Haus fast zierlich.

Adresse Im Steinfeld 43, 51371 Leverkusen-Bürrig | **wupsi** Linien 203, 207, 211, Haltestelle Stephanusstraße | **Tipp** Bei einem Spaziergang durch Bürrigs Nebenstraßen stößt man Im Entenpfuhl 5a auf den kleinen Bäcker Paffrath, der in der Manforter Sauerbruchstraße 39a eine ebenso gemütliche Eins-a-Traditionsbackstube unterhält.

34__Das Feuerwehrgerätehaus
Wohnen und Arbeiten

Feuerwehrschläuche hängen im Trockenturm des Gerätehauses vom Löschzug 11 der Freiwilligen Feuerwehr in Wiesdorf nicht mehr. Die sind schon zur Berufsfeuerwehr umgezogen. Eine Frauentoilette gibt es nicht. Im Baujahr 1910 war nicht absehbar, dass so etwas einmal dazugehört. Auch die Umkleidesituation entspricht heute nicht mehr den technischen Anforderungen eines Feuerwehrbetriebes. Die Zukunft des ältesten Leverkusener Feuerwehr-Gerätehauses in der Moskauer Straße steht noch in den Sternen, denn in absehbarer Zeit wird der Zug 11 der Freiwilligen Feuerwehr wohl ebenso wie seine Schläuche zu den Berufskollegen umsiedeln. Der bezaubernde Bau mit seinem geziegelten Sockel und dem eigenwilligen Schriftzug auf dem freundlich rauen Putz wird hoffentlich kaum verändert eine neue Nutzung finden – so wie immer wieder in den über hundert letzten Jahren. Von den ehemals drei Holztoren sind noch zwei zu sehen. Moderne Löschfahrzeuge passen nur zentimeterhart durch die Einfahrt. Anfangs standen hier auch die Pferde neben den Wagen. Darüber befand sich der Heuboden, der später zu zwei Wohnungen ausgebaut wurde. Schuster Bauer zog hier ein, der im Erdgeschoss hinter dem linken Torbogen, dessen Einfassung noch zu erkennen ist, sein Geschäft eröffnete. Die Schusterwohnung ist heute ein Schulungsraum.

1961 fanden Gerätewart Heinz Steinke und seine Frau Helga ihre Heimat in der Feuerwehr. Witwe Helga Steinke wohnt heute noch über der Wagenhalle. Manchmal, wenn ein Tor geöffnet ist und sie gerade unten etwas zu tun hat, schaut sie in die Halle. »Wenn die Feuerwehrmänner zum Einsatz kamen, stand mein Mann meist bereits mit dem Wagen vor dem Tor. Der Motor lief dann auch schon.« Unter der Hallendecke hängt ein Girlandenkreuz aus bunten Glühbirnen. Die gemütliche Beleuchtung wird nie abgenommen. Zum Feiern legen Feuerwehrfrauen oder -männer einfach den Schalter um, und das kalte Neonlicht erlischt.

Adresse Moskauer Straße 3, 51373 Leverkusen-Wiesdorf | **wupsi** Linie 208, Haltestelle Schulstraße | **Tipp** Gleich um die Ecke geben die Grundschule und das Gebäude mit der Reklame eines Stoffgeschäftes ein gutes Bild des alten Wiesdorf ab. Schräg gegenüber, Hauptstraße 82, hat Leverkusens schmalstes Geschäft geöffnet – natürlich ein Schuh- und Schlüsseldienst.

35__Das Fischerhaus
Urlaub in Hitdorf

Reiche Bestände Lachs, Aal, Karpfen, Hecht und Barsch sicherten den Fischern auf dem Lohr bei Hitdorf schon im 15. Jahrhundert die Existenz. Der Fischfang ging von den Klöstern aus, und Pachtverträge sahen vor, dass die Fischer ein Sechstel des Erlöses auf dem Grünen Kölner Fischmarkt abzutreten hatten. Darüber hinaus war fürs Kloster zu Ostern und Martini noch ein 30-pfündiger Lachs fällig. Erst mit der Industrialisierung entlang des Rheins und seiner Nebenarme sowie der Zunahme der Dampfschifffahrt kam der Fischfang zum Erliegen.

Heute säumen wieder Hobbyangler die Kiesufer und Sandbuchten zwischen den Buhnen. Auf die Frage von Spaziergängern, ob man den Fisch denn verzehren könne, reagieren sie eher genervt. Hitdorf hat eigentlich alles, was es zu einem Tagesausflug braucht: Wanderwege, Wiesen fürs Picknick, Biergarten, die Traditionsgaststätte »Em Schokker«, Cafés mit Rheinblick, Yachthafen, eine ansehnliche Uferpromenade und ein winziges Heimatmuseum – das »Türmchen am Werth«, das nur sonntagnachmittags geöffnet hat. Dort erfährt man von Einheimischen, was ein Schokker ist, und auch ohne Nachfrage Details aus der Hitdorfer Historie.

Wer sich mehr Schiffsnamen als »Astrid« oder »Eiltank« einprägen und Hitdorf ohne Touristen kennenlernen möchte, ist gekommen, um zu bleiben – warum nicht in einem ehemaligen Fischerhaus aus dem 17. Jahrhundert? Wahrscheinlich war das Gebäude einst ganz in Fachwerk errichtet. Erst bei einer späteren Erneuerung erhielt es die heutige Ziegelkonstruktion mit dem rheinseitigen Giebelschweif. Gastronom Dieter Beck hat hier eine Ferienwohnung eingerichtet, die er neudeutsch »Rheinufer-Lodge« nennt. Eigenwillig und gemütlich lässt es sich zwischen Wendeltreppe, offenem Kamin und etwas Lokalkolorit wie einem Tisch im Nachen-Look auf Zeit einrichten. Was ein Nachen ist? Das erklären gerne die Ehrenamtlichen im »Türmchen« – bis nächsten Sonntag!

Adresse Rheinstraße 66, 51371 Leverkusen-Hitdorf | wupsi Linien 244, 253, Haltestelle Parkstraße | Tipp Der Bummel über den Kai und die Besichtigung der Werftanlagen endet natürlich bei Dieter Becks Kran-Café in einem historischen Greiferdrehkran von 1928.

36 Das Forsthaus

Unfall, sechs Kilometer Stau

Bei der Reitanlage am Grünen Weg senkt sich sanft ein Wirtschaftsweg in den Wald. Auf dem Weiher im Tal der Bachaue lassen sich Schwäne treiben. Gelegentlich genießen ein paar Pferde in Ufernähe ein Bad. Hinter dem Zaun zur Linken des Teichs versteckt sich ein schattiges Anglerparadies. Auf den 200 Metern, bis der Weg an einem Tor endet, rückt ein Rauschen näher: Das bezaubernde Forsthaus zu Neuendriesch trennt nur eine dünne Baumwand von der Autobahn A 1, die sich durch den Bürgerbusch frisst. Dass es hinter dem Forsthaus scheppert, gehört zur Tagesordnung – statistisch definiert dieser Autobahnkilometer wahrscheinlich den Mittelwert des Stauendes vor dem Leverkusener Kreuz.

Der Wald befand sich bis 2009 im Besitz der »Freiherrlich von Diergardtschen Verwaltung«. In dürren Worten zeichnet ein 1935 gestempeltes und signiertes Blatt der Verwaltung mit der Adresse Post Leverkusen-Schlebusch 1, Haus Morsbroich die Geschichte des Forsthauses: »1880 Wohnhaus errichtet, 1899 Küchenanbau errichtet, 1921 Telefon angelegt, 1925 electr. Lichtanlage angelegt, 1930 Dach auf dem Wohnhause mit Biberschwänzen gedeckt.« Freiherr Friedrich-Leopold, Enkel des niederrheinischen Samtfabrikanten Friedrich von Diergardt, residierte ab 1907 als Fideikommissherr im Schloss Morsbroich und ging gern in seinem Bürgerbusch dem Jagdsport nach. Eines der wenigen historischen Fotos des Forsthauses zeigt die Jagdgesellschaft in Anwesenheit des Kronprinzen Wilhelm von Preußen. Der schöne Stoff hatte den von Diergardts die Tore zum Herrenhaus geöffnet, wo sich Großvater Friedrich um die Durchsetzung sozialpolitischer Ideen zum Wohle der Arbeiter bemühte.

Der Name des Forsts hat nichts mit den Bürgern zu tun, auch wenn er ihnen als grüne Lunge dient. Bereits eine Waldordnung von 1564 ordnet an, dem Verderb des Herzstücks der Bürriger Gemarke Einhalt zu gebieten.

Adresse Neuendriesch 1, 51377 Leverkusen-Steinbüchel (Parkmöglichkeit gegenüber der Einmündung in Höhe Grüner Weg 149) | **wupsi** Linien 207, 210, 211, 215, 217, 224, Haltestelle Grüner Weg | **Tipp** Bachabwärts hinter den Teichen gelangt man zu einer Wegkreuzung. Hier geht es nach rechts über die Autobahn, an der nächsten Kreuzung wieder rechts. Jetzt sind es noch rund 400 Meter zum Teufelsstein, einem legenden- umwobenen Findling, der während der letzten Eiszeit in einem nahen Sumpf gelandet ist und später von den Waldbesitzern an seinem heutigen Standort aufgestellt wurde.

37 Das Freibad
Ausgekrault – Schwimmen in der Sportstadt

Es ist bezeichnend für das allumfassende Wirken des Architekten Wilhelm Fähler auf dem Leverkusener Stadtgebiet bis 1953, dass selbst der Entwurf eines Planschbeckens sein Büro verließ und im Stadtpark verwirklicht wurde. Dort entstand in den 1920er Jahren ein Licht- und Luftbad, dem zum Volksglück noch etwas Wasser fehlte. Sobald dieses in Fählers Senke namens »Suppenteller« gefüllt war, diente die Anlage Eltern und Kindern an heißen Sommertagen zur spritzigen Erfrischung, ohne eine Gefahr für Leib und Leben durch Ertrinken darzustellen.

1935 wurde auf dem Gelände um den »Suppenteller« das Städtische Freibad der Stadt errichtet. Dessen Eingangsbereich ist heute noch erhalten und öffnet bei großem Andrang an Sommerferientagen die Pforte zum Außenbereich des Freizeitbades CaLevornia, dessen Anlage kaum noch an das ursprüngliche Bild erinnert. Allein die lauschige Liegewiese mit ihrem Baumbestand hat die Zeiten überdauert. Der »Suppenteller« ist im Niemandsland verschwunden.

Eigentlich ist der Eingang zum Freibad ein Mahnmal für den fast vollständigen Niedergang der Schwimmbadkultur in der Stadt Leverkusen. Anstelle des alten Freibades und des Hallenbades von 1961, dessen kühner Komplex in den 1990er Jahren baufällig geworden war und abgerissen wurde, befindet sich heute das CaLevornia. Der Name wurde in einem Bürgerwettbewerb gefunden und damit zur Warnung vor allzu weitgehender basisdemokratischer Beteiligung. Das Freizeitbad und vor allem seine Saunalandschaft haben durchaus Reiz. Das Sportschwimmen im Becken auf einer reservierten Bahn ist ohne die Behinderung durch Treibgut allerdings nur zu Randzeiten ein echtes Vergnügen. Ein ausgewachsenes Sportbecken gibt es in Leverkusen nicht mehr. Im Opladener Wiembachbad wird eine Rollwende im Nichtschwimmerbereich notwendig. In der geschlossenen Schlebuscher Auermühle rottet noch eine 50-Meter-Bahn vor sich hin.

Adresse Bismarckstraße 188, 51373 Leverkusen-Manfort | **wupsi** Linien 203, 207, 222, Haltestelle CaLevornia | **Tipp** Nicht nur an Heimspieltagen von Bayer 04 brennt der Baum im und vor dem STADIONECK[12] – ein Stück Leverkusener Fankultur mit stilvollem Fassadenanstrich in Rot und Schwarz; Karl-Marx-Straße 36, www.stadioneck12.de.

38___Der Friedenberger Hof
Ritter, Schießsport und Fahnenschwenken

Kalkweiß leuchten Turm und Treppengiebel des Friedenberger Hofes über dem Wupperhang. Das Schieferdach schimmert in der Sonne. Der Weg unmittelbar vor die einzige Höhenburg auf Leverkusener Stadtgebiet führt die Himmelsleiter (siehe Seite 110) hinauf und durch ein Wohngebiet in die Sackgasse »Am Kreispark«. Erstmals auf einer Landkarte erscheint 1636 eine Vredenburg an dieser Stelle, und wie sich leicht ahnen lässt, hat der Name nichts mit Frieden auf sich: Im 15. Jahrhundert war eine Familie de Wrede im Besitz des Hofes. Eine erste Erwähnung findet das Anwesen bereits um 1360, als der Ritter Gottschalk Starke als Inhaber des Hofes von »Stayn up dem Berch« bezeugt wird. Diese Bezeichnung meint treffend den Sitz auf dem felsigen Steinufer der Wupper.

Bis Anfang des 20. Jahrhunderts ging der Friedenberger Hof durch zahlreiche prägende Hände. Dann kaufte die Stadt Opladen das Anwesen und verpachtete es als Landwirtschaft. Die Renovierung der verlotterten Burg zog sich ab 1964 fast acht Jahre in die Länge. Zwischenzeitlich zogen eine Bibliothek, eine Kunstsammlung und Seminarräume der Volkshochschule ein. Von den Nebengebäuden ist nur ein sehenswertes Fachwerkhaus erhalten.

Noch einmal geht der Blick von der kleinen Parkanlage Richtung Himmel: Auf der Haube der Turmburg dreht sich eine Wetterfahne von 1833, die mit den Initialen der damaligen Besitzerin, FTW, versehen ist. Inzwischen ist der Hof Bürogebäude: Seit 1983 hat ihn die Stadt Leverkusen an den »Bund der Historischen Deutschen Schützenbruderschaften e.V.« vermietet, der hier seine Bundesgeschäftsstelle für rund 600.000 Mitglieder in über 1.300 Vereinen betreibt. Der Bund gründete sich 1927 als »Erzbruderschaft vom heiligen Sebastianus zur Sammlung der Kräfte im katholischen Lager als Gegenpol zu der politischen Entwicklung und zur Förderung der Standortbestimmung gegen Sittenverfall und Glaubensschwund«.

Adresse Am Kreispark 22, 51379 Leverkusen-Opladen | **wupsi** Linien 202, 244, Halte-stelle Villa Römer | **Tipp** In nur zwei Kilometer Luftlinie entfernt thront in Leichlingen eine weitere sehenswerte Höhenburg auf den Felsen über der Wupper: Haus Vorst, Haus Vorster-Weg, 42799 Leichlingen. Ein stimmungsvoller Wanderweg führt unter dem Anwesen entlang des Ufers.

39___Die Friedenskirche

Turm mit Verspätung

Pfarrer Gunnar Plewe lächelt zufrieden: Seine Kirche in der Waldsiedlung hat einen Turm. Der tut so, als habe er schon immer dort
gestanden. Seit der Grundsteinlegung der Kirche hat es allerdings
50 Jahre gedauert, bis das bauliche Ensemble komplett war.

Mit der explodierenden Einwohnerzahl Leverkusens in den
1950er Jahren stieg auch der Kirchenbedarf. Die evangelische Gemeinde Schlebusch behalf sich in der Waldsiedlung mit Gottesdiens-
ten in der Waldschule und bei Taufen mit einem Kirchenomnibus.
Alkenrath bekam 1957 ein Gemeindezentrum und einen Glocken-
turm – ohne Kirche. Die Waldsiedlung erhielt ab 1964 ihre Friedenskirche – ohne Turm. Doch 2014 war er plötzlich da. Eine Säu-
le wie eine Skulptur. »Dem Bestandsplan konnten wir nicht folgen,
schon wegen des schwierigen Baugrundes. Aus ehemals 30 Metern
sind 19 geworden, dafür geht es jetzt 8 Meter ins Fundament. Das
Grundprinzip ist genial einfach: Wir haben ein Sechstel der Kirche genommen und dieses gestreckt – so ähnlich wie das Apfel-
sinenschalen-Modell der Oper Sydney«, beschreibt Architekt Walter
Maier das Werk. Im Einklang wirken Turm und bäuerliche Bauweise
der Kirche mit ihrem massiven, niedrigen Sockel erstaunlich leicht.
Wo man vor der Neugestaltung aus Richtung Bundesstraße auf ein
gähnendes dunkles Loch blickte, öffnet sich heute in der Senke eine
Terrasse zum Verweilen und Feiern.

In den Abendstunden zeichnen die kleinen Öffnungen der Glo-
ckenstube ein reizvolles Lichtspiel. Sie sorgen aber auch für den
Schalldruck, der statt nervigem Gebimmel einen satten Klang ver-
breitet. Die Glocken namens »Friede, Freude, Auferstehung« stam-
men aus einem ökumenischen Guss in Maria Laach. Fast wären auch
die zu spät zur Kirche gekommen: In letzter Minute organisierten
der muslimische Polier und seine Freunde mit einem viel zu kleinen
Hänger den wohl spannendsten Glockentransport der Leverkusener
Kirchengeschichte.

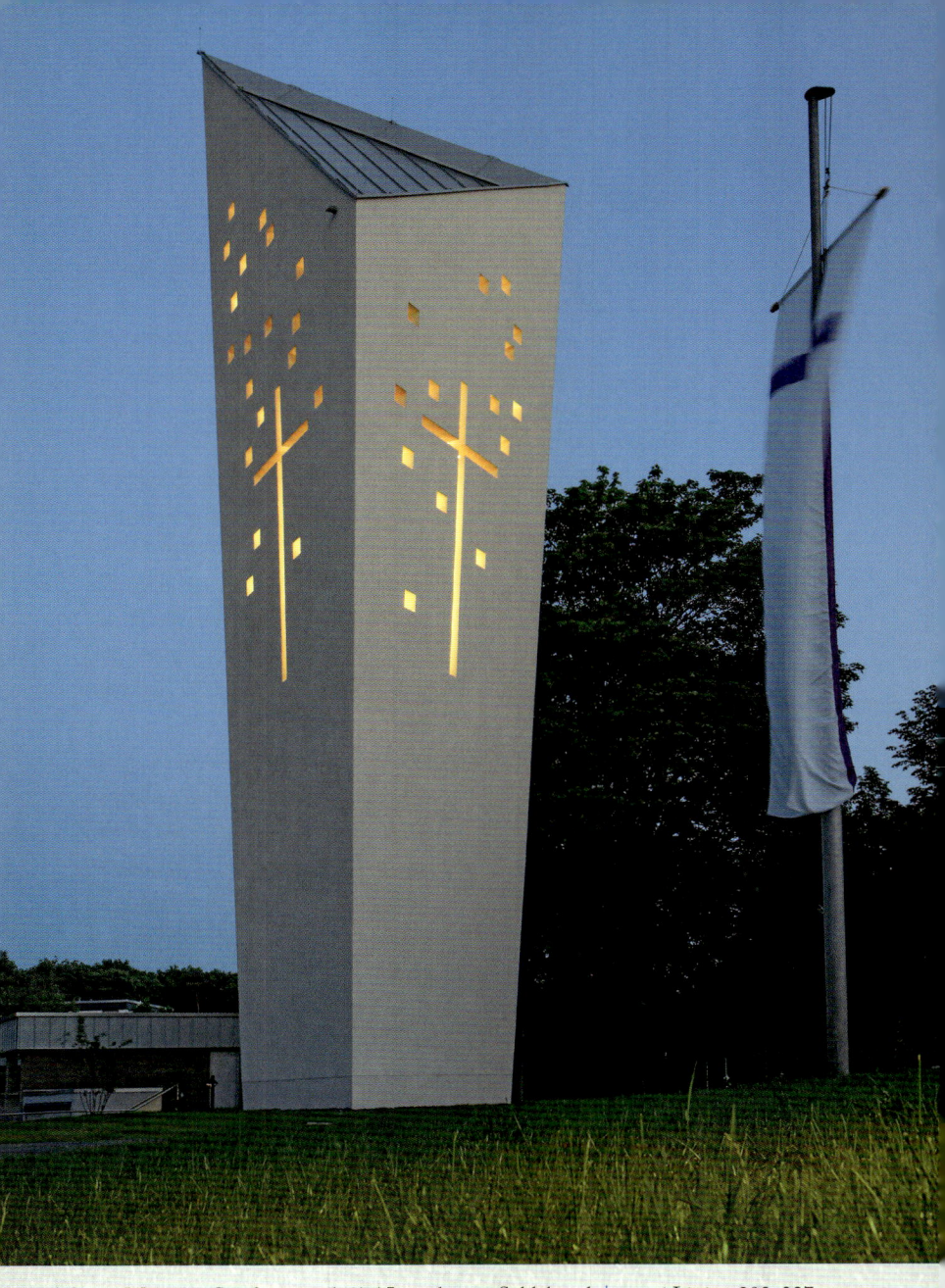

Adresse Merziger Straße 2–4, 51375 Leverkusen-Schlebusch | **wupsi** Linien 202, 227, Haltestelle Mozartstraße | **Tipp** Am Rande der Waldsiedlung liegt eine Waldschule – im Wald: Das Denkmal aus dem Jahr 1952 steht für die Abkehr von der Schulkaserne und war im Laufe seiner Geschichte Hort schulpolitischer Neuerungen.

40___Die Friedhofskapelle

Groß und Klein

In der Flucht der Auffahrt in den Manforter Friedhof fällt gleich die Friedhofskapelle auf, die etwas trutzig und gedrungen unter dem mächtigen Schieferdach des Turms in ihren Arkaden ruht. Das Kirchlein strahlt in der Mitte des Wegesterns dennoch die erhabene Würde aus, die einem Hauptfriedhof angemessen ist. Tatsächlich hat hier ehemalige Leverkusener Prominenz ihre Grabstätten: Werksvorstände, Bürgermeister, Architekten, Kaufleute und Paulinchen Pohnke (siehe Seite 164) sind hier begraben. In den letzten Jahren des Ersten Weltkrieges erbaut und von einem Wiesdorfer Neuankömmling namens Wilhelm Fähler geplant, zeigt die Kapelle ein Bild des frühen Schaffens ihres Architekten. Im Inneren ist der Bau durchweg schlicht gehalten – nur die sparsam gesetzten, bunten Gläser mit religiösen Motiven sprenkeln ein paar farbige Sonnenstrahlen in den Chor.

Von der Bank neben der Eingangstür der Kapelle, wo sich unter den Arkaden ein sanftes Licht auf die Steinplatten senkt, geht der Blick zur Gedenkstätte der Familie Duisberg, die ganz im Sinne des Generaldirektors und Mäzens die Inschrift »Wissenschaft ist Macht, Kunst ist Freude« trägt. Ein Grabstein erinnert an Mina Sonntag, die den Duisbergs als treue Freundin und Hausgenossin 39 Jahre in aufopfernder Liebe zur Seite stand. Der Industrielle und seine Frau Johanna ruhen an einem anderen Ort: Der Künstler Fritz Klimsch gestaltete ihre Grabstätte als Floratempel, der sich beim Werk im Carl-Duisberg-Park befindet.

Ein paar Meter die Zufahrt hinab verläuft der eigentliche Hauptweg des Friedhofs westlich der Kapelle in Richtung Wiesdorf, bis er vor einem verschlossenen Eisentor endet. Ein Stück zurück bei einem Rhododendron erinnert ein hohes Grabmal, auf dem Werk, Wasserturm und Fabrikschlote unter einem Blitz abgebildet sind, an die »in treuer Pflichterfüllung bei der großen Explosion im Jahre 1917 verunglückten Werksangehörigen«.

Adresse Manforter Straße 182, 51373 Leverkusen-Manfort | **wupsi** Linie 204, Haltestelle Friedhof Manfort | **Öffnungszeiten** Der Fußgängereingang zum Friedhof ist immer geöffnet. | **Tipp** An der Dresdener Straße 2 gibt es einen reizvollen Garagenhof zu entdecken. Um den Heinrich-von-Kleist-Platz liegt eines der versteckteren Villenviertel Leverkusens.

41_Die Fritz-Jacobi-Anlage
Die Kaderschmiede

Die Fritz-Jacobi-Anlage, Wettkampf- und Trainingsgelände der Leichtathletikabteilung des TSV Bayer 04 Leverkusen, fügt sich in ihre Umgebung ein. Das wirkt stimmungsvoll, auch wenn es keine große Kulisse ist, sondern sich nur um eine Senke einer ehemaligen Kiesgrube in den Heidehügeln handelt, die einmal »Zimmers Loch« hieß. Hier wurde ab 1924 das Manforter Stadion samt Zementplatz für Radreigen errichtet. Kunstradfahren war damals ein Trendsport. 1952 übernahm Bayer die Anlage. Seine windgeschützte Lage hat das Feld leider eingebüßt, seitdem die Pappeln entfernt wurden, die das Gelände einst umsäumten.

2001 wurde eine Arena mit dem schlichten Namen »Leichtathletikhalle« gebaut. Die hat es in sich: Allein der weltweit einzigartige Stabhochsprungmessplatz beobachtet mit fünf Kameras den Sprung aus allen Perspektiven. Weitere 20 Hochfrequenzkameras liefern biomechanisch auswertbare Daten, ebenso Kraftmessplatten auf den letzten Metern im Boden und im Einstichkasten. Die Ehrentafeln in zwei unscheinbaren Schaukästen lesen sich wie ein Who's who der deutschen Leichtathletik: Mit Willi Holdorf, Heide Rosendahl, Ulrike Meyfarth, Heike Henkel, Anke Feller, Heinz Weis, Charles Friedek, Dieter Baumann, Steffi Nerius, Linda Stahl, Silke Spiegelburg und Katharina Molitor sind nur die Goldmedaillen bei Olympiaden und Weltmeisterschaften abgearbeitet. Seit 2001 trainieren auch die behinderten Athleten des TSV auf dem Gelände. Markus Rehm, der mit Prothese auch mal weiter springt als die zweibeinige deutsche Elite, holte bei den Paralympics 2012 in London Gold.

Leichtathletik-Meeting, Integratives Sportfest und Stabhochsprung-Classics zählen zu den Veranstaltungshöhepunkten. Geheimtipp für einen Besuch und entspannten Blick hinter die Kulissen der Leichtathletik auf Topniveau sind aber die üblichen Trainingszeiten, zu denen die Anlage fast immer zugänglich ist.

Adresse Kalkstraße 46, 51377 Leverkusen-Manfort | **wupsi** Linien 207, 209, 210, 211, 217, 222, 227, Haltestelle Heidehöhe | **Tipp** Die Anlage verfügt über einen rückwärtigen Eingang zum Moosweg. Dort geht links ein Weg ab, der hinter den Schrebergärten in das wilde, einsame Gelände um den Sonnecksee führt – ein Traum für die Jugendclique.

42_ Das Gemeindehaus
Von der City in die Stadt

City A – der Konzeptname aus den späten 1960er Jahren hat sich in den Köpfen der Leverkusener längst festgesetzt. Auf der Rampe der Einkaufspassage, die später ein Glasdach bekam, war schon nicht viel los, als hier noch richtige Geschäfte waren. Die Namensneuschöpfung »Luminaden« macht die gepflegte Ödnis auch nicht lebendiger. Seitengänge verschwinden stumm in den Eingängen der Mietshäuser. Der Kaufhauseingang im Obergeschoss wäre schon geschlossen, wenn es hier nicht zu einer Sparkasse und einem Café auf der Terrasse ginge. Am Fuß der Rolltreppe schluffen Gestalten zum Tunnel des Hinterausgangs. Das ist nun einmal der Weg, der von der Bushaltestelle Luminaden die Einkaufsstraße quert und dann in einen Teil Wiesdorfs mit fast städtischer Atmosphäre führt.

Wo in der Otto-Grimm-Straße die Fußgängerzone endet, bilden die Altbauten aus dem frühen 20. Jahrhundert am Eingang der Montanusstraße eine geschlossene Reihe. Die Bebauung an der quer verlaufenden Dönhoffstraße macht zwar einen leicht zerpflückten Eindruck, aber irgendetwas Helles hebt die Stimmung an diesem kleinen Platz. Dass es überhaupt ein Platz wird, liegt am Evangelischen Gemeindehaus aus dem Jahr 1931. Das Gebäude wurde vom Architekten Wilhelm Fähler geplant, der hier seine funktional dominierte Linie früherer Bauten fortsetzt, durch das Walmdach jedoch eine Annäherung an die umliegende Bebauung erreicht hat. Unterschiedliche Fenstergruppen und der Kubus über dem Eingang mit dem gestreckten Kreuz gliedern die großflächige Vorderseite des Klinkerbaus, die sich über dem rechteckigen Teich förmlich zu öffnen scheint. Das grün gestrichene Geländer auf dem Mauerabsatz zieht einen eleganten Bogen um die Grünfläche und lässt den Straßenraum mit dem Gemeindegelände verschmelzen.

Die zugehörige, sehr sehenswerte neugotische Christuskirche von 1904 befindet sich ein paar Meter weiter in Richtung Friedrich-Ebert-Platz.

Adresse Otto-Grimm-Straße 9, 51373 Leverkusen-Wiesdorf | **wupsi** Linien 203, 208, 210, 211, 233, Haltestelle Die Luminaden | **Tipp** Dort, wo heute der freundliche Mann durch das kleine Kioskfenster aus dem Gebäude in der Dönhoffstraße 21 schaut, befand sich einmal der Eingang zu einem der alten Wiesdorfer Lichtspieltheater. Nach vergossenen Tränen im »National Theater« konnten sich die Kinopärchen im Stadtcafé, das im selben Haus Bier und Wein servierte, wieder beruhigen.

43 Das Gemeindezentrum

Unter Preis verkauft

Eine Funzel von Straßenlaterne baumelt an verzwirbelten Drähten über der oberen Humboldtstraße im Wind und wirft ein fades, orangefarbenes Licht an die weiße Fassade des Gemeindezentrums. Der Trakt mit Kirchturm scheint etwas unpassend und wie eine Miniatur zwischen die Altbauten gesetzt. Vor der grauen Waschbetonkulisse des Hochhauses an der Bahnallee schrumpft das Bethaus noch weiter zu liebenswerter Zwergenhaftigkeit. Die schießschartenartigen Lichtschächte lassen das Kirchlein wie ein trotziges Refugium Gottes in der Nachbarschaft der Opladener Südstadt wirken. Die elegant-schlichte Architektur im Westentaschenformat hat etwas Südländisches. Das Zentrum könnte auf einer Postkarte von einer italienischen oder mittelamerikanischen Siedlung aus den 1950er Jahren zu sehen sein.

Auf einer Darstellung unter dem Vordach im Eingangsbereich gleitet ein Schiff mit Mastkreuz durch die Wellen, kirchliche Motive geben den Fenstern des Saals einen matten Schein. – Details wie diese runden die reizvoll gestaffelte, fast reine Architektur des Ensembles ab. Der Erhalt dieses Kleinods, dessen Grundstein 1954 gelegt wurde, ist der Unter-Schutz-Stellung im Jahr 2010 zu verdanken. Das damalige Presbyterium war nicht davon begeistert, plötzlich ein Denkmal zu besitzen, wollte es doch die Liegenschaft angesichts einer schrumpfenden Schar Gläubiger verkaufen, was möglicherweise zu einem Abriss geführt hätte. Der Evangelischen Kirchengemeinde Opladen fiel die Trennung von ihrem Gemeindezentrum zwar nicht leicht, sie sah sich aber durch den Eintrag in die Denkmalliste ihrer Marktchancen beraubt und reichte Klage ein.

Gut verhandelt haben wohl die Brüder und Schwestern der evangelisch-freikirchlichen Gemeinde, die 2011, zwei Jahre nach der Entwidmung, den Bet-Betrieb wieder aufnahmen. Trotz christlichen Einvernehmens hatte das Presbyterium Abstriche beim Erlös hinnehmen müssen.

Adresse Humboldtstraße 65–67, 51379 Leverkusen-Opladen | **wupsi** Linien 201, 202, 203, 206, 222, 250, 251, 253, 255, Haltestelle Schillerstraße | **Öffnungszeiten** zu den Gottesdiensten So 10.45 Uhr | **Tipp** Im Hederichsfeld 19 befindet sich die Katholische Hauptschule, ehemals Realgymnasium, später Landrat-Lucas-Gymnasium, in einem von Professor Peter Klotzbach geplanten Bau mit hübschem Brunnen straßenseitig.

44 Die Gezelinkapelle
Wallfahrtsort für Tausende

Ein Laienbruder im 12. Jahrhundert, eine Dürreperiode, ein Blick zum Himmel, ein Gebet, ein Stoß mit dem Schäferstab, eine Quelle, ein Wunder, eine Legende – der selige Gezelinus und das heilkräftige Wasser wurden ein regionaler Kult, der 600 Jahre später einen Aufschwung erfahren sollte.

Eine neue Kapelle für den Wallfahrtsort mit Altar über der Quelle gab es schon ab 1659. Dem Landkomtur Droste zu Senden auf Morsbroich gefiel die Huldigung, und er begann, diese nachhaltig zu fördern. Die Wallfahrt bekam den Namen »Gezelinoktav«, wurde auf eine Woche ausgedehnt und mit einem Jahrmarkt zum Volksfest.

Ab 1729 gab es ein Andachtsbüchlein, das in zahlreichen Auflagen nachgedruckt werden sollte. Die Stelen mit den Deutschordenskreuzen, die heute etwas ratlos auf dem Feld neben der Kapelle stehen, stiftete ebenfalls Droste zu Senden zur Bereicherung des Pilgerortes. Bis zu ihrer Verpflanzung aufgrund von Verkehrsplanungen säumten sie den Weg zur alten Schlebuschrather Kirche.

Für alltägliche Aufläufe sorgte die Quelle Mitte der 1970er Jahre. Vor allem die Menschen, die man damals Gastarbeiter nannte, strömten mit Bollerwagen und Kanistern zum Zapfnippel, weil sie das Rheinuferfiltrat aus dem heimischen Hahn für die Zubereitung von Tee oder Kaffee für ungenießbar hielten. Neben dem Brunnen im Schaukasten findet der Durstige den Hinweis, dass eine Richtlinie das gefilterte Wunderwasser zwar nicht als Trinkwasser klassifiziert, der Genuss jedoch unbedenklich ist.

Die größte Wallfahrt am Ort fand sicher 1948 statt: Das Motorrad-Straßenrennen »Um das Bayerkreuz«, dessen Strecke eher um die Gezelinkapelle verlief, lockte auf einem nur knapp drei Kilometer langen Rundkurs 50.000 Zuschauer an. Fünfmal fand das Spektakel statt, dann musste es aus Sicherheitsgründen auf den Nürburgring umziehen.

Adresse Wilhelm-Kaltenbach-Weg, 51377 Leverkusen-Alkenrath | **wupsi** Linien 202, 209, 214, 217, Haltestelle Graf-Galen-Platz | **Öffnungszeiten** Tagsüber ist der Vorraum der Kapelle geöffnet. | **Tipp** Wo der Wilhelm-Kaltenbach-Weg in die Opladener Straße übergeht, gibt es in dem Waldstück jenseits der Busstraße eine überwucherte Bunkeranlage zu erforschen.

45_ Grund

Hinter dem Tunnel ins Tal

Ehrlich, kantig, ein Mann wie ein Baum: Friedhelm Kamphausen ist ein Typ, dem man den Farmer abnimmt. Eingangs des Fleckens Grund staut sich das Wasser des Ölbachs zu einem Feuchtgebiet, das Leverkusens größtes Schilfrohrbiotop beheimatet. An den Hängen hinter den Paddocks über der Reithalle öffnet sich der Blick über das Tal. Das ist Kamphausens Land. Wellblech ist nicht in Sicht. Die Hallen sind aus Holz erbaut. Dahinter staffeln sich Wildacker und Strauchzonen. »Ich lebe mich gerne im Holz aus«, gesteht Kamphausen ein und eröffnet den Rundgang über die Ranch.

Ein Bahnschild unter dem Scheunendach fällt ins Auge: »GRUND«. Klein-Friedhelm ist noch mit den roten Schienenbussen des Balkanexpress zur Schule gefahren. Die Nebenbahn mit dem etwas abschätzigen Beinamen verkehrte zwischen Opladen und Lennep. Auf dem ehemals überwucherten Schotterdamm verläuft heute der Panorama-Radweg »Balkantrasse«. Auf einer Reststrecke nach Hilgen pendelte die Eisenbahn noch bis 1991. Am unscheinbarsten Haltepunkt der Strecke unweit des Grunder Tunnels hielt der letzte Zug wohl schon 1987. Während der Abschiedsfeier vom Anschluss an die weite Welt retteten Kamphausen und seine Freunde das Schild und brachten es auf den Hof.

Das Fachwerkhaus aus dem 18. Jahrhundert war nicht zu retten. Es duckt sich heute umbaut und versteckt zwischen dem ehemaligen Viehtrakt und dem Neubau von 1878. Dessen schmuckreich geätzte Fenster erinnern an eine wohlhabende Bauernschaft. In seiner idyllischen Tallage verströmt der Grunder Hof heute noch stattlichen Glanz. »Ich bin Landwirt und betreibe kein Freilichtmuseum«, betont Kamphauen, während er auf die Führerkabine seines Traktors zusteuert und zum Acker aufbricht. »Da oben auf der Maschine kann man gut runterkommen«, verabschiedet sich der Mann aus dem Tal.

Im Hofladen gibt's Eier, Eierlikör, Kartoffeln, Äpfel, Geflügel, Wurst, Wein und Holz zu kaufen.

Adresse Grunder Wiesen 18, 51381 Leverkusen-Bergisch Neukirchen | **wupsi**
Linien 239, 240, Haltestelle Hüscheid | **Öffnungszeiten** Hofladen: Di–Sa 10–13 Uhr |
Tipp Gut 500 Meter talabwärts kann man um die Grunder Mühle pirschen. Leider wird
hier kein Schnaps mehr gebrannt, die Likörproduktion wird aber weiterhin betrieben.

46_ Die Hafenstraße

Jede Menge Hölzchen

Die Hitdorfer Hafenstraße entspricht der Vorstellung einer Hafenstraße perfekt: eher eine Gasse zwischen dunklen Ziegelmauern, leicht abschüssig zum Rheinhafen führend, Fabrikfenster, Tore, Lager, eine Halle grenzt an die nächste, ein paar Schlote. Würden noch Rauchschwaden durch die Szene ziehen, wäre das Klischee erfüllt.

Hafenbetrieb ist in Hitdorf seit dem 15. Jahrhundert auszumachen und dem frühen Holzhandel zwischen Köln und dem Bergischen zu verdanken. Hinter Rheindorf, Hitdorf, Monheim erstreckten sich ausgedehnte Wälder. Ab dem 18. Jahrhundert benötigte Solingen Schleifsteine, Remscheid Werkzeug und Wuppertal Textilien. Für den Hausbau wurde Schiefer von der Mosel herbeigeschafft. Der Hafen erlebte eine Blütezeit. Anfang des 20. Jahrhunderts wurde eine Werft mit Kränen errichtet, und eine elektrische Kleinbahn führte von Hitdorf nach Langenfeld und Monheim. Nach der Erfindung des Zündholzes zu Beginn des 19. Jahrhunderts tunkten auch bald in Hitdorf Tagelöhner in ihren Wohnungen Späne in weißen Schwefel – eine gefährliche Praxis, die 1842 den Innenminister zum Erlass von Sicherheitsbestimmungen bewog: Trockenöfen sollten dicke Wände, eine Eisentüre, einen Rauchfang haben und die Brennmaterialien in ausreichender Entfernung zum Feuer gelagert werden. Gleich eine Handvoll Unternehmer widmete sich der industriellen Zündholzfertigung. An der Hafenstraße gründete Johann Michael Fitzen 1843 seine Fabrik. Die Fichtenstämme wurden herbeigeflößt, auf den Rheinwiesen zersägt und getrocknet. Später wurden fertige Hölzchen aus dem Odenwald und dem Baltikum importiert, die Schachteln kamen aus Schlesien. Für 1909 und 1910 belegt das Hitdorfer Zollamt die Produktion von 3.851.627.000 Hölzchen.

Heute besetzt die Firma Engel einen Teil der Hafenstraße, und Holz wird hier immer noch verbrannt: Der Betrieb liefert feine Kamine und Öfen für behagliche Wohnwelten.

Adresse Hafenstraße, 51371 Leverkusen-Hitdorf | **wupsi** Linien 244, 253, Haltestelle Parkstraße | **Tipp** Mittelpunkt des Hitdorfer Kulturlebens ist die Villa Zündfunke mit Kreativwerkstatt, Bürgertreff und Veranstaltungsprogramm, Hitdorfer Straße 169. Die Aufführungen des Matchboxtheaters finden Sie unter www.matchboxtheater.de.

47 Die Hammersammlung
Bär und Schafe

Das Tor hinter dem »Industriemuseum Freudenthaler Sensenhammer« ist tagsüber häufig geöffnet, und niemand verscheucht den Neugierigen, wenn er dort einen Blick durch die Fenstersprossen der Fabrikhallen wagt oder über den Hof zum Teich pirscht und sich die kleine Bank zurechtrückt. Zwischen den Rohrkolben tummeln sich Wasservögel. Die Zweige der Trauerweide am Ufer vor dem Hang neigen sich ins Wasser. Auf der Wiese hinter dem Zaun grasen Schafe, während der Graureiher Richtung Dhünn zieht.

In einem Wiesenwinkel neben der Einfahrt hat sich eine Maschinenschar versammelt, die beschlossen zu haben scheint, dort ihren ewig währenden Lebensabend zu verbringen. Der Ältestenrat besteht aus Reckhämmern – hydraulischen Lufthämmern mit unterschiedlichem Bärgewicht des Herstellers Bêché & Grohs aus Hückeswagen, wo ein graues Prachtexemplar sogar einen Kreisverkehr ziert. Die Freudenthaler Hämmer mit ihrer verwitterten, aufgebrochenen Lackierung und den rostüberzogenen Muttern und Federn treten wie eine kunstvolle Installation auf, die sich etwas abseits von dem frechen blauen Gasthammer der Firma EUMUCO und einem Mühlstein beäugen lässt.

Am Reckhammer und im dazugehörigen Ofen begann in der Fabrik das Schmieden der Bröckel genannten Stahlrohlinge und damit die eigentliche Herstellungsprozedur der Sense. Wer im Hof neugierig auf die Sensenherstellung geworden ist, sollte die Dauerausstellung des Museums besuchen oder an einer der Schmiedevorführungen teilnehmen. Die Funken sprühen jeweils an einem Sonntag im Monat. Durch das Fühlen, Erinnern und Entdecken in der historischen Umgebung der Sensenfabrik sollen mit einem eigenen Schmiedeangebot die Emotionen demenzkranker Menschen angeregt werden.

Der offene Hof und der Zirkel der schweigenden Hämmer laden zu Wiederkehr und Verweilen ein, besonders wenn im Tal Stille herrscht.

Adresse Freudenthal 63, 51375 Leverkusen-Schlebusch, Tel. 0214/5007268, www.sensenhammer.de | **wupsi** Linien 202, 207, 208, 222, 225, 260, Haltestelle Von-Diergardt-Straße | **Öffnungszeiten** Museum: Di–Do 10–13 Uhr, Fr 14–17 Uhr, Sa und So 12–17 Uhr (Bitte informieren Sie sich vorab, ob das Museum tatsächlich geöffnet hat.) | **Tipp** Sind das wirklich die Säulen des Monopterus, die hinter dem Zaun an der Einfahrt zu den Garagenhallen vor der weißen Villa vor sich hin rotten? Der verwunschene Tempel lag einst gleich nebenan in dem Waldstück am Dhünnufer im Dornröschenschlaf und bot einer Frauenstatue Schutz.

48___Das Haus Dorff

Tabak aus Hitdorf

Dass es dieses Haus noch gibt, ist Rolf und Henriette Hormann zu verdanken, die es 1980 als Ruine übernahmen und in Abstimmung mit der Denkmalpflege behutsam wiederherstellten.

Im März 1945 wurden Haus und die dazugehörige Fabrik von Brandbomben getroffen. Gleich im April darauf lieferte sich ein Fallschirmjäger-Regiment der US-Luftlandedivision heftigste Gefechte mit deutschen Panzern und Infanteristen. Die Amerikaner konnten sich den Weg zunächst freikämpfen und Hitdorf besetzen, mussten sich aber aufgrund erbitterten Widerstandes noch einmal über den Rhein zurückziehen. Danach war der prächtige Bau ausgebrannt. Das Gebäude erhielt nach dem Krieg einen provisorischen Dachstuhl aus Schiffsholz, ein Obergeschoss existierte aber nicht mehr. »Wir konnten nur über Leitern nach oben klettern. Das würde ich heute nicht mehr machen«, erinnert sich Henriette Hormann. Wirtschaftlich zu realisieren war die Restaurierung nur, weil eine Umgestaltung der Innenräume die Nutzung als Mehrfamilienhaus vorsah.

Bis 1964 müssen sich im Erdgeschoss noch Büroräume befunden haben. Fritz Hinrichs beschreibt in seiner Chronik von 1957: »Durch dieses Haus gelangt man über einen geräumigen Hof mit großen Stallungen und Schuppen in eine Fabrik, worin Tabake verschiedenster Sorten hergestellt wurden.« An einer Wand entdeckte Hinrichs noch den eingerahmten Totenzettel eines Johann Peter von 1816. Links neben der Freitreppe befindet sich über dem Kellereingang ein Stein mit der Inschrift »J.P.D., M.S.R. 1784«. Er erinnert an den Erbauer Johann Peter Dorff und seine Frau Maria Sophie Richrath. 1784 muss ein Eisgang die Bauten mitgenommen haben, sodass sich die Fertigstellung noch bis 1791 zog. Das Haus des Johann Peter Dorff bezeugt den Wohlstand, zu dem es der Hitdorfer Tabakfabrikant mit seiner Produktion aus Pfälzer, holländischen und amerikanischen Sorten gebracht hat.

Adresse Langenfelder Straße 3, 51371 Leverkusen-Hitdorf | **wupsi** Linien 244, 253, Haltestelle Parkstraße | **Tipp** Hitdorf hat nicht nur den Rheinstrand. Gefahrloseres Baden ist im Hitdorfer See möglich. Im »Café Strandgut« kommen derweil Surferträume auf.

49 Der Hemmelrather Hof

Ein gewisses inneres Engagement

Zwischen dem Garagenhof am Mietshaus, den Überbleibseln des Wuppermann Walzwerks am Rande eines Industriegebietes alias Innovationspark und dem Ufer der Dhünn glotzte bis Anfang des neuen Jahrtausends trotzig ein hohler Zahn aus dem wilden Gras. Der Hemmelrather Hof fristete ein trostloses Schattendasein. Die Fenster des Haupthauses, 1902 aus Ziegelstein errichtet, waren zugemauert. Drumherum duckten sich Ruinen von Wirtschaftsgebäuden im Gestrüpp. Gegen den Einsturz lehnten sich von außen provisorisch in den Boden gerammte Holzlatten gegen das Fachwerk. Keine Spur von Idyll oder Dornröschenschlaf – nur die mutigsten Kinder trauten sich zum gespenstischsten Abenteuerspielplatz in Manfort.

»Wie retten wir schöne, erhaltenswerte Bauten in Leverkusen?« war Ende 2001 das Thema einer Bürgerrunde im Jagdzimmer des benachbarten Schloss Morsbroich, der ehemaligen Residenz der Freiherren von Diergardt, zu deren Besitz jahrzehntelang der Hemmelrather Guts- und Wirtschaftshof zählte. Aber mehr als Spekulationen darüber, wie zu retten sei, was noch zu retten war, und das Wissen über die tiefere historische Bedeutung des Hofgrundes aus dem 12. Jahrhundert haben die betrübten Bürger eher nicht teilen können. Der Zustand der Brache sowie das Interessengemenge von Eigentümern, Investoren, Politik und Verwaltung ließen die Rettung des Hofes in weite Ferne rücken. Europaweit gab es gerade drei Interessenten.

2007 rückte der Garten- und Landschaftsbauer Lutz Fleischer auf den Plan und fackelte nicht lange – seine Frau hatte ihn überredet, die Eigentümer hatten ihm ein »gewisses inneres Interesse« attestiert. Er mietete das Gelände schon vor seinem Ankauf und machte sich zügig ans Werk für Firma und Familie – sein Denkmal ist ein Schmuckstück geworden. Das Haupthaus aus dem dunklen Stein blickt wieder verwunschen ins spröde Umland. Die Gespenster hat Fleischer verjagt.

Adresse Hans-Gerhard-Straße 11, 51377 Leverkusen-Manfort | **wupsi** Linien 212, 214, Haltestelle Mauspfad | **Tipp** Das verschieferte Haus in der Straße Alte Heide, Hausnummer 26, zeichnet ebenfalls noch ein seltenes, sehenswertes Bild des ländlichen Manfort.

50_Die Herz-Jesu-Kirche

Das Werk Gottes

1928 erfolgte der erste Spatenstich für die Erbauung der Herz-Jesu-Kirche nach Plänen des Architekten Bernhard Rotterdam, einem Stellvertreter des damaligen neuen Kirchenbaus im Rheinland: kein Prunk, keine Schnörkel – nüchtern und ehrlich sollte das moderne Gotteshaus wirken. Schon die Gliederung der Fassade aus dunkelrotem Ziegel und hellem Sandstein vermag den Eindruck der Monumentalität kaum zu mindern. Trotz aller Klarheit wirkt der Kirchenraum von Herz Jesu wuchtig und vermittelt den Eindruck einer Werkhalle Gottes, die sich auf das Wesentliche im Glauben konzentrieren will.

Historische Fotografien zeigen, wie stimmig sich die Kirche in das Stadtbild des aufstrebenden Wiesdorf einfügte – passend auch zu den Vorstellungen jener Zeit, als sich das Leben zwischen Werkhalle, Kolonie und Kirchgang abspielte.

Dort, wo sich seit den 50er Jahren Flachbauten mit Ladenlokalen ducken, befand sich vor dem Krieg eine Rasenfläche, später ab 1941 ein Löschteich zur Brandbekämpfung, der einen freieren Blick auf das Kirchenwerk bot.

Die drei Kirchenfenster im Nordgiebel, Deutungen der Kapitel 4 und 21 aus der geheimen Offenbarung des Johannes, gestaltete Jan Thorn-Prikker mit einem Wechsel figürlicher und abstrakter Motive. Die oberen Drittel der Fenster stellen jeweils die Sphäre Gottes dar, die mittleren die triumphierende Kirche und die unteren Drittel die streitende Kirche. Im oberen Teil des mittleren Fensters spiegelt sich in figürlicher Abbildung Jesu mit einem Herzen der Kirchenname wider. Schon früh im Zweiten Weltkrieg wurden die Fenster durch die Druckwelle einer Bombenexplosion zerstört. Da die originalen Entwurfskartons aber noch verfügbar waren, konnten die Kunstwerke rekonstruiert werden. Vorsichtshalber wurde aber zunächst auf den Einbau verzichtet und das Kriegsende abgewartet, während die Fenster in einem Atelier einlagerten.

Adresse Wiesdorfer Platz / Breidenbachstraße, 51373 Leverkusen-Wiesdorf | **wupsi**
Linien 203, 208, 210, 211, 233, Haltestelle Die Luminaden | **Öffnungszeiten** Tagsüber ist
der Vorraum der Kathedrale geöffnet. | **Tipp** Um die Ecke an der Breidenbachstraße wartet
der Marktplatz mit seinem sympathisch spröden Alt-Wiesdorfer Flair. Dort führen Treppen
hinab in authentische Nachkriegsmarktplatz-Aborte.

51 Die Himmelsleiter

Flanieren an der Wupper

Führt die Treppe, die seit ihrem Anbeginn in den 1920er Jahren Himmelsleiter genannt wird, in die Wolken oder auf festen Boden? Oben auf dem vornehmen Frankenberg leuchten Sterne der Erinnerung – das Stadtarchiv im ehemaligen Landratsamt und das »Haus der Leverkusener Stadtgeschichte« in der Villa Römer hüten Schätze vor dem Vergessen.

Das umrankte steile Stück am Wupperhang lockt abwärts in ein kleines, leicht entrücktes irdisches Paradies. Am Fuß der Treppe, im Rücken der Skulptur der spielenden Bären aus dem Jahre 1967, rinnt Wasser aus einem vergitterten Tunnel im Berg. Im Zweiten Weltkrieg wurde dort ein Schutzstollen in den Hang getrieben. Seit die Fledermäuse Hausherren im Bunker sind, sorgte das Loch noch einmal als Ölquelle für Aufregung. Grund war ein Leck im Tank des Finanzamtes auf dem Berg.

Die Fußgängerbrücke ragt wie eine ausgeklappte Rampe von der Treppe über die Wupper. Von den Ruhebänken in der Mitte des eisernen Stegs reicht der Blick über den Fluss, der hier, breit zwischen mächtigem Laubwerk hervortretend, endgültig das Bergische verlassen hat. Am Ufer booten hier im Sommer Kanuten aus. Vorbei an der Mündung des Wiembaches führt der Weg zu einer steinernen Brücke über die Wiembachweiher in die Ludwig-Rehbock-Anlage. Die Promenade mit der Allee und dem Mäuerchen über dem Teich samt Fontäne verleiht dem Park aus den 1930er Jahren die Atmosphäre eines Kurgartens, der als Ausgangspunkt zu einem Spaziergang durch die Wälder an der unteren Wupper einlädt.

Bevor es am rechten Ufer wieder treppauf Richtung Himmel geht, empfiehlt sich der Ausflug flussaufwärts unterhalb des Friedenberger Hofes. Der idyllisch gelegene Sportplatz auf einer Wiese zwischen Weg und Wupper ist längst überwuchert und lässt sich nur noch erahnen. Bald schließt sich das Laubdach, ein kleiner Tunnel durch den Eisenbahndamm markiert die Stadtgrenze zu Leichlingen.

Adresse Am Kreispark 8, 51379 Leverkusen-Opladen | **wupsi** Linien 202, 244, Haltestelle Villa Römer | **Tipp** Sie sind selten geworden – im Eldorado der Stadtautobahnen erst recht: Bahnschranken. An der Sandstraße 144, vor der Einreise nach Leichlingen, senkt sich immer wieder ein Prachtexemplar, um dem regen Zugverkehr zwischen Opladen und Wuppertal Vorrang zu geben.

52__Die Hitdorfer Fähre

Fünf Minuten Sixties

Schriftstücke bezeugen über 450 Jahre Fährverkehr in Hitdorf. Das Hitdorfer Fährrecht lag in einem Bauergeding (Bauerngericht) begründet, das einen geordneten Verkehr der Nachen und Schalden mit Stroh, Getreide, Pferden und Schafen an Bord sicherstellen sollte. Die Regelung durch die Rechtsordnung sah im Groben so aus, dass man sich nachbarschaftlich nicht den Rang ablaufen sollte. Da dies des Öfteren geschah, bestand die angemessene Strafe darin, einen Ohm Bier zu spenden.

1930 wurde die erste Großfähre mit 100 PS in Betrieb genommen. Diese war schon die Vorgängerin der »Fritz Middelanis«, die seit 1962 den Strom quert. Die Überfahrt ist ein kurzes Vergnügen, hat aber samt Fahrscheinkauf reichlich Nostalgiewert. Die Zeit reicht gerade für einen Blick in Dieselschwaden über den Strom Richtung Autobahnbrücke nach Süden und Monheim rheinabwärts. Auf der Langeler Seite scharen sich im Sommer in den kleinen Sandbuchten Badegäste und Grillfreunde, während sich an der Hitdorfer Anlegestelle Schwanenfamilien immer wieder vom Takt der Fähre gestört fühlen.

Es empfiehlt sich der Kauf einer Rückfahrkarte, um noch im holzgetäfelten, spartanischen Fahrgastraum die vergilbten Aushänge zu studieren, die von den Höhepunkten der Fährgeschichte erzählen: 1984 ein Zusammenstoß mit »Monique«, 1960er Borgward und Mercedes-Heckflosse an Deck; und Zeitungsartikel, die von wildem Gezänk mit den Kölner Nachbarn berichten. Mitte des 18. Jahrhunderts kam es zu einem über hundertjährigen Streit. Die Langeler hatten die Hitdorfer zwar nie daran gehindert, wollten aber nicht einsehen, dass diesen das Fährrecht seit jeher zustehen solle. So war eine Überfahrt mit der Gefahr verbunden, blutig geschlagen zu werden und ohne Nachen zurückzukehren. Ein Leutnant und 30 Soldaten sollten es richten. Gelegentliche Tumulte, Kloppereien und bandagierte Schädel blieben aber trotz des Militärs nicht aus.

Adresse Fährstraße, 51371 Leverkusen-Hitdorf | **wupsi** Linien 233, 244, 253, Halte-
stelle Fährstraße | **Öffnungszeiten** Fährzeiten: April–Sept. Mo–Fr 6–20.15 Uhr,
Sa und So 9–20.15 Uhr; März, Okt. Mo–Fr 6–19.30 Uhr, Sa und So 10–19.30 Uhr;
Nov.–Feb. Mo–Fr 6–19.30 Uhr, Sa 9–18.30 Uhr, So 11–18.30 Uhr | **Tipp** Die Rück-
fährkarte verpflichtet nicht zur sofortigen Umkehrpassage. Auf ehemaligem Feindesgebiet
ist die Aussicht auf den Schiffsverkehr aus den neuzeitlichen Gasträumen der Wirtschaft
»Zur Fähre« ein echter Hit. Wer sich in Köln nicht sicher fühlt, wandert in die südlich
gelegene Hitdorfer Laach.

53 Der Imkerverein
Die Bayer–Bienen

Im südlichen Teil des Neulandparks an der Rheinallee unter der hübschesten aller Vereinsflaggen mit Bayer-Kreuz und Biene auf Gelb und Rot befindet sich der Garten des Imkervereins mit Bienenhaus und Infopavillon. Der Saisonhöhepunkt für das Publikum ist der Tag der offenen Tür im Frühjahr. Zwischen den Hecken und Büschen des Gärtchens haben dann die Imker liebevoll eine Erlebnisausstellung aufgebaut und vermitteln mit Begeisterung die Bedeutung ihres Hobbys für intakte Natur, reiche Ernte und ein wertvolles Lebensmittel.

Tracht, Blütenfolge, Bestäubungsleistung, Lebenszyklus, Gesundheit, Aufgaben im Volk, Orientierungsflug, Stockmeißel, Smoker und Schleuder, Wachsverarbeitung – die lebendige Weitergabe von Wissen im Gespräch mit Experten macht Lust auf den Einstieg. Schulungen für Anfänger und die Vermittlung von Standplätzen in der Umgebung ebnen den Weg in das Honigland. Die Imkerkultur befindet sich endlich im Wandel: Lange war sie eine Domäne der Lehrer und Pastoren. Die Zahl der Freizeit-Imker sank in den letzten 15 Jahren stetig. Eine Hoffnung liegt in einer stärker als früher weiblich geprägten Honigkultur: In Nachwuchskursen kratzt der Anteil der interessierten Frauen an der Mehrheitsgrenze.

Quengelnde Kinder sind im Bienenpark nicht zu sehen. Dr. Oswald Ott schafft es, Schulkindern den Mut zu geben, eine ungefährliche Drohne zwischen Daumen und Zeigefinger zu halten. So können sie üben, wie einmal die Königin mit jahreszyklisch wechselnden Farbplättchen zu markieren ist.

Hinter der Schaubeute umschwirrt, lehnen sich Vereinsvorstand und Obleute entspannt zurück. »Ein harmonisches Vereinsleben liegt in der Natur der Imker. Hektik im Bienenstock erkennen wir an der Tonhöhe des Summens. Erfolgsfaktoren in der Zucht sind Schwarmträgheit, Ertragsstärke, Friedfertigkeit«, zieht der Orthopädie- und Schuhtechniker Reiner Höller aus Alkenrath sein Fazit.

Adresse Rheinallee, 51373 Leverkusen-Wiesdorf | **wupsi** Linien 208, 221, Haltestelle Rheinallee | **Öffnungszeiten** April–Sept. jeden So 14–17 Uhr | **Tipp** Das Lokal »Wacht am Rhein« hockt heute steril mit seiner Terrasse neben den Rampen zu den Anlegern. Zwischen dem feinen Betonbogen des Bayer-Kanuclubs und dem Werkstor 8 über dem Strom finden sich ein paar Balkone, auf denen keine Bedienung den hypnotisierenden Blick auf die treibenden Lichter unterbricht.

54 Der Japanische Garten
Quercus frainetto, Ungarische Eiche

Schon 1913 hatte Werksdirektor Duisberg im Park neben seiner Villa einen Japanischen Garten angelegt. Von einem Japanbesuch auf einer Weltreise 1926 kehrte der neugierige sogenannte Geheimrat mit dem Entschluss zurück, sein Kleinod mit noch mehr fernöstlicher Gartenbaukunst zu bereichern. Der Park diente der privaten Freude und war nicht öffentlich zugänglich.

Damals befand sich der Japanische Garten ein paar Schritte von seinem heutigen Standort entfernt. Er wurde für den Bau eines Verwaltungshochhauses 1960 verlegt. An Feiertagen und bei strahlendem Himmel ist die Attraktion belebt, aber meist ist hier erfreulich wenig los. Mittags schreiten ein paar Angestellte über die Steine im Teich, während sich ein Hochzeitspaar im Festtagskleid umständlich für das obligatorische Foto in der botanischen Kulisse drapiert. Wasservögel huschen durchs Schilf, Kois sonnen sich bäuchlings an der Wasseroberfläche, und vom höchsten Wipfel hält der Reiher Ausschau. Michael Frinke ist Leiter der Gartenbauabteilung der Firma Currenta, die den Betrieb des Chemparks managt. Gartendenkmalpflege war im Studium sein Fachgebiet. Vor einem Bäumchen im Herbstlaub hält er inne: »Acer japonicum, japanischer Ahorn. Er hat den Habitus einer Großform. Der gleichmäßige Wuchs und die bizarre Form der Äste bilden ein Kunstwerk. Schon Duisberg wollte asiatische Zurückhaltung mit europäischer Üppigkeit vermischen. Er war kein besonderer Freund des japanischen Schnitts. Die ungarische Eiche beim Teehaus passt da ganz gut ins Bild.«

Vielleicht ist der Besuch des Gartens außerhalb der Öffnungszeiten am frühen Abend der Geheimtipp. Zwar kann das Eiland dann nur vom äußeren Rundweg aus betrachtet werden, aber außer dem entfernten Quietschen eines Güterwaggons dringt kein Ton mehr durch die Sträucher hinter den Bänken, und der Park ruht wie die unerreichbare Welt in einer Schneekugel im Licht der Dämmerung.

Adresse Kaiser-Wilhelm-Allee, 51373 Leverkusen-Wiesdorf | **wupsi** Linien 201, 217, 220, 221, 224, 225, 251, 255, Haltestelle Chempark Kasino | **Öffnungszeiten** April–Okt. Mo–Fr 9–20 Uhr, Sa und So 9.30–20 Uhr; Nov.–März Mo–Fr 9–16.30 Uhr, Sa und So 9.30–17 Uhr (Das Mitführen von Hunden im Kernbereich ist nicht erlaubt.) | **Tipp** Nach Nordwesten fließt das Gewässer des Japanischen Garten in Richtung Baykomm – einem Kommunikationszentrum, das als Begegnungsstätte und Erlebniswelt der Forschung samt Schülerlabor dient. Mit Blick auf den imposanten Schornstein und einem Fachwerk-brückenbogen findet der Park hier eine Fortsetzung in moderner Gestaltung.

55__Der Kai

Heimatlied

Bis zum Ende des letzten Jahrtausends bekamen Bayer-Pensionäre zu Weihnachten Post vom Werk. Der Briefträger brachte ein Paket als Dank für jahrzehntelange Treue – woanders als »beim Bayer« hatten die Rentner eher selten geschafft. Neben dem obligatorischen Christstollen bestand die Gabe zu einem Großteil aus Produkten der Fabrikation des Mutterkonzerns und seiner damaligen Ableger: Delial-Sonnenmilch, AGFA-Fotofilm, ein nützliches Utensil aus Polymeren und Mandarinen im Glas, mit Natreen-Kunstsüße abgeschmeckt. Natürlich lag ein Kulturgut bei – meist ein Buch mit regionalem Bezug. 1977 befand sich eine Schallplatte neben den Köstlichkeiten. Das Cover der Single zeigte den Büttenredner und ehemaligen Karnevalsprinzen Kurt Stichnoth. Auf der A-Seite trällerte er seinen Hit »Wiesdorf vor 20, 30 Jahr« und erinnerte die älteren Bürger mit seinem Text an einen Stadtteil aus einer anderen Zeit. »Mit de Fähre fuhre mir no Merkenich, un im Rhein da schwammen noch eso dicke Fisch«, mit diesen Liedzeilen beschwor der Künstler verschüttete Erinnerungen herauf, die den Ureinwohnern vorbehalten waren.

Ein Foto, das um 1900 entstand, zeigt auf dem Buchumschlag der 640 Seiten starken Stadtgeschichte das Leverkusener Panorama von der Merkenicher Rheinaue aus, zu der die Wiesdorfer mit der Fähre übersetzen konnten. Auf dem Dach eines Ausflugsschiffs posieren ein paar Burschen unter einer Flagge. Vor einem Dampfer kreuzt ein Motorkahn den Strom. Im Tiefflug schwebt ein Zeppelin über Schloten, Kränen und Kaianlagen der Fabrik. Darunter müht sich ein Paddelboot flussaufwärts, das wohl zu der kleinen Gesellschaft gehört, die sich verstreut am Rheinstrand niedergelassen hat.

Seit vor langer Zeit der Weg entlang des Werksgeländes am Rhein zwischen Wiesdorf und Flittard geschlossen wurde, bietet sich von Merkenich die einzige Gelegenheit zur Aussicht auf den Leverkusener Kai.

Adresse Merkenicher Hauptstraße / Rheindamm / Fuhligsweg, 50769 Köln-Merkenich | **Kölner Verkehrsbetriebe (KVB)** Straßenbahnlinie 12, Haltestelle Niehl, Fordwerke Nord | **Tipp** Nach Süden kann das Gelände der Fordwerke bis zur Geestemünder Straße umkurvt werden. An der St.-Leonardus-Straße stößt man bei einem interessanten Ziegelstein-betriebsgebäude wieder ans Rheinufer. Von dort geht die herrliche Aussicht zur rechts-rheinischen Flittarder Rheinaue und dem Bayerwerk im Bogen des Stroms.

56_Der Kaiserplatz
Den Lindwurm überlebt

In Wuppertal war es Ende des 19. Jahrhunderts für die »Farben-fabriken vorm. Friedr. Bayer & Co.« zu eng geworden. Der neue Standort in Wiesdorf blieb lange Zeit unbeliebt: 1907 wurden zwar knapp 6.000 Arbeiter eingestellt, gleichzeitig schieden aber fast genauso viele aus dem Unternehmen aus – davon hatten gut 90 Prozent die Brocken aus eigenen Stücken hingeworfen. Die ersten Zeilen eines Spottreims von damals sagen alles: »Kann er einen nicht verknusen, schickt er ihn nach Leverkusen.« Mit er war Direktor Carl Duisberg gemeint, seine Antwort ein Wohnungsbauprogramm. Ab 1899 entstand nach englischem Vorbild einer Gartenstadt die Kolonie II mit Meister- und Arbeiterwohnungen. Nutzgärten, Licht, Luft, Brunnenkunst und Häuser mit traditionellem Dekor sollten zum Bleiben bewegen. Anfangs bot die Kolonie noch Anlass zu Häme mit paternalismuskritischer Färbung: »Papa Duisberg pflanzt Alleen. Am Sonnabend müssen die Arbeiter die Blätter mit Malachitgrün anstreichen.«

Ein Lageplan aus dieser Zeit zeigt den Kaiserplatz als Sternpunkt in den Straßenachsen der Arbeiterkolonie. Die Miete in der Siedlung war 30 Prozent günstiger als woanders in Wiesdorf. In einer Musterwohnung konnten zukünftige Mieter unter anderem ein Kinderzimmer für 130 Mark besichtigen. Die Vergabe regelte ein Ausschuss von Arbeitern und Bayer-Beamten. Für vorbildlich gepflegte Unterkünfte gab es Prämien. Über den ordnungsgemäßen Zustand wachte ein Wohnungsinspektor, dessen Besuch die Bewohner jederzeit zu gestatten hatten.

Wo einst ein Pavillon Schutz bot, nimmt seit 1942 ein Tiefbunker fast die gesamte Fläche des Platzes ein. Er ist dem gediegenen Ort als Mahnmal erhalten geblieben. Vergessen ist der sogenannte Lindwurm, der die Kolonie II um ein Haar verschlungen hätte. Das zukunftsweisende Projekt einer geschlängelten Wohnmaschine mit 16 Etagen und zwei Kilometern Länge wurde 1971 beerdigt.

Adresse Kaiserplatz, 51373 Leverkusen-Wiesdorf | **wupsi** Linien 203, 208, 210, 211, 233, Haltestelle Erholungshaus | **Tipp** Die Geschichte und das Leben in den Werkssiedlungen werden im Kolonie-Museum lebendig, Nobelstraße 78–82. Das Museum hat samstags von 15–18 Uhr sowie sonntags von 11–13 und von 15–18 Uhr geöffnet.

57 Die Kamellebud

Traditions-Trinkhalle

Der Kiosk liegt eigentlich perfekt: An der Straßenkreuzung mit Bushaltestelle strömen allmorgendlich Schüler und Pendler zur Pflicht. Die Schüler haben aber das Bio-Pausenbrot zu Hause geschmiert bekommen, spenden ihr Taschengeld in der Grillstation oder werden in der Schulkantine gefüttert.

Leider können die Pendler ihr Auto nur um die Ecke parken. Kaffee, Süßes und Belegtes bekommen die Busfahrer gleich nebenan bei der Düsseldorfer Bäckereikette – überhaupt gibt es in Schlebuschs Zentrum genug Konsum-Gelegenheiten, die einer Trinkhalle das Leben schwer machen könnten.

Pächter Zuher Bibo Abdy hat es dennoch geschafft, den Laden mit Geduld und reichlich guter Laune wieder auf Vordermann zu bringen: Der Lustwandel im Kiosk vorbei an sauren Schlangen, Bier, Salzstangen, Jägermeister, Limo, Kicker und FAZ führt den Späti-Kunden ins Hinterzimmer an Regale mit Couscous und Erbsen. Am Stehtisch auf dem kleinen Vorplatz gibt es tagsüber Pausenkaffee oder ein letztes Bier auf dem Heimweg vom Fußballfest.

Im Vorüberfahren ist kaum zu erkennen, dass das winzige Haus mit der bergischen Schieferfront frei steht und hinter den beiden Fenstern im Obergeschoss Wohnlicht brennt. Das Gebäude ist das letzte Überbleibsel des alten Schlebusch an diesem Abschnitt der Bundesstraße 51 und war einst die Unterkunft des Holz- und Kohlenhändlers Fischer, »Kolle Fescher« genannt. Die Trinkhalle ist eine etwas jüngere örtliche Institution. Ihr ursprünglicher Name, der sich in kleiner Klebeschreibschrift auf der Leuchtreklame versteckt, verrät mit rheinischem Zungenschlag dennoch, dass die Verkaufsstelle inzwischen zum heimischen Kulturgut zählt: Kamellebud. An einem windigen Straßenzug mahnt die Kamellebud hell und freundlich, dass Traditions-Trinkhallen wie die Fliegenpilz-Milchbuden unter Schutz gehören, um sie vor der Odyssee des Bonner Bundeskiosks zu bewahren.

Adresse Bergische Landstraße 13, 51375 Leverkusen-Schlebusch | **wupsi** Linien 202, 207, 208, 222, 225, 260, Haltestelle Von-Diergardt-Straße | **Öffnungszeiten** Mo–Fr 7–22.30 Uhr, Sa 8–23 Uhr, So 9–22 Uhr | **Tipp** Wem in der Kamellebud der sagenhafte Nervenkitzel fehlt, der vom Ausfüllen eines Lottoscheins ausgeht, sollte die Mülheimer Straße bis zur Hausnummer 30 hinaufpilgern. Die Ladenstufe vor Michael Böhners herrlich normalem Lotto- und Tabakladen ist das Klön-Eck des südlichen Schlebusch. Kaffee gibt's aus der Werkself-Tasse, die man hier auch kaufen kann.

58 Kaplöner 200
Die Rekord-Brieftaube

Die hohen Hausnummern der Großen Kirchstraße führen in eine Sackgasse am Hang des Neulandparks. Wenn sich an einem heißen Tag im Westen die Sonne über den Rhein senkt, macht die Fassadenfarbe auf dem rauen Putz Hunger auf Aprikoseneis. Mit freundlich geöffneten Schlagläden zeigen sich die Häuschen am Rand der Kolonie in einem Licht voll südländischer Freundlichkeit. Das Sträßchen unter dem Torbogen des Hauses 126 führt in einen idyllischen Gartenhof. Wenn die Sonne ihre letzten Strahlen über die Dächer wirft und der Blick sich hebt, blitzt vom runden Dach eine kleine goldfarbene Plastik herab: »Taube auf Kugel«.

Ihr Schnabel zeigt hinüber zur Antoniuskirche, und hier beginnt die Geschichte: Brieftaubenfreund Richard Kibbat hatte seinen Sportvogel mit der Nummer 200 vom Kaplan gekauft. So kam die Taube an ihren Namen Kaplöner 200. Das muss um 1940 gewesen sein. Kibbats »Rennpferd des kleinen Mannes« war ein offenbar nicht nur ausdauerndes, sondern auch erfolgreiches Exemplar. Zeitzeugen schreiben ihr die Strecke Leverkusen–Budapest und zahlreiche Pokale zu. Außerdem soll Kaplöner 200 in ihrer Brieftaubenfunktion für die Fans daheim als Übermittlerin von Halbzeit- und Endergebnissen bei Auswärtsspielen der Wiesdorfer Kicker unterwegs gewesen sein.

Am 4. November 1943 schlug das Kriegsschicksal zu. Richard Kibbat und sein Bruder Fritz suchten bei einem Fliegerangriff im Torbogen Unterstand, wurden vom Druck und den Splittern einer Bombe erwischt. Ein Baumeister entdeckte bei einer Dachreparatur anderenorts eine Blechtaube, die er zur Erinnerung an seine Freunde auf die Spitze des Torbogenhauses verpflanzte.

Nach 68 Jahren im Wetter war der Blechvogel ramponiert. 2011 wurde er durch das schmucke Täubchen des Leverkusener Künstlers Arentz ersetzt, das nun als Gruß des Friedens über der Kolonie strahlt.

Adresse Große Kirchstraße 126, 51373 Leverkusen-Wiesdorf | **wupsi** Linie 208, Haltestelle Adolfsstraße | **Tipp** Über dem Hof in der Albert-Einstein-Straße liegen die Lavendelwellen des Neulandparks, der auf einer abgedichteten Altlast angelegt wurde, in greifbarer Nähe. Gegenüber dem Parkeingang an der Nobelstraße wartet ein äußerst reizvoller Garagenhof auf seine Entdeckung.

59__Das Kesselhaus
Energie für die Bahnstadt

1903 nahm die Königliche Eisenbahn-Hauptwerkstätte ihren Betrieb auf: Bis zu 2.000 Arbeiter unterhielten hier bereits 1907 1.000 Waggons und 128 Lokomotiven. Die Preußische Staatsbahnverwaltung zählte die Opladener Werkstätten zu einer ihrer schönsten und mustergültigsten Anlagen. Um 1928 beanspruchte die Wartung der Luxuszüge des »Rheingold« erhebliche Betriebskapazitäten, worunter die Instandhaltung der übrigen Wagen zu leiden hatte. Der sprunghafte Fortschritt führte zudem zur Produktion immer größerer Lokomotiven, und schon bald waren die Schiebebühnen in den Hallen zu kurz geworden. Gleichzeitig kriselte die deutsche Wirtschaft unter Reparationszahlungen. Die Reichsbahn geriet in finanzielle Schräglage und unter erheblichen Rationalisierungsdruck. 1930 entstand ein letztes Gruppenbild der Opladener Dampfepoche: Die Arbeiter, die sich um eine Lokomotive 91675 versammelt hatten, hissten die Flagge auf halbmast.

Nach der Bombardierung im Zweiten Weltkrieg war der Werkstattbetrieb vornehmlich mit der Instandhaltung von Reisezug-, Gepäck- und Bahnwagen beschäftigt. Daneben fanden Kleinlokomotiven und auch Lastkraftwagen sowie Busse den Weg in die Wartung.

1948 wurde das neue Kesselhaus auf den Fundamenten seines Vorgängerbaus errichtet. Innen ist die Industriekathedrale in zwei Geschosse unterteilt. Die Kessel, die Wärme und Energie für die Werkstätten lieferten, befanden sich im Obergeschoss. Zwei Heizöfen sind dort heute als Denkmal erhalten. Die Kesselasche wurde in das untere Geschoss entsorgt und von dort mit Aschewaggons abtransportiert. Ab 1958 spezialisierten sich die Werkstätten auf die reine Unterhaltung von bis zu 1.500 Elektrolokomotiven. In der grünen Mitte des neuen Viertels erinnert der markanteste Bau des ehemaligen Werkes an die Opladener Zeit als Eisenbahnerstadt, die erst 2003 mit der Betriebsschließung enden sollte.

Adresse Bahnstadtchaussee, 51379 Leverkusen-Opladen | **wupsi** Linie 206, Haltestelle Kesselhaus | **Tipp** Im Kulturausbesserungswerk (KAW) werden profitlos und politisch autonom Schräglagen repariert. Mitstreiter sind im sehenswerten Hof willkommen (Kolberger Straße 95a, www.kulturausbesserungswerk.de).

60__Die Kiesgrube

Ein Vogelparadies

Genau genommen führt der Weg zum ehemaligen Baggersee an der Leverkusener Stadtgrenze auf Kölner Territorium. Die Erhaltung des Feuchtgebietes als Lebensraum durch die Unterschutzstellung in den 1980er Jahren ist zu einem großen Teil den Mühen der Leverkusener Ortsgruppe des Deutschen Bundes für Vogelschutz, heute NABU, zu verdanken.

Der Stadtverband der Naturschützer bietet regelmäßig vogelkundliche Exkursionen um die Kiesgrube an. Auf sich allein gestellt bietet die Umrundung des eingezäunten Areals reichlich Ausblicke, lässt aber hinsichtlich des Artenreichtums Ahnungslosigkeit zurück. Wenn sich der frühmorgendliche Nebel von den Steilhängen der Grube hebt, ist die Stunde der Vogelkundler angebrochen, und mit Experten wie Laien im Schlepptau geht es über den Rundpfad. Das Naturschutzgebiet ist eine Arena: Auf der Wasserfläche glänzt das Spielfeld, Busch und Wald bilden belebte Ränge, in die umwucherten Nischen mit Ruhebänken fügen sich die Logen mit bestem Blick.

Ein schmelzendes Flöten – unterhalb des Weges turnt ein Rotkehlchen herum. Die Singdrossel wiederholt sich, der Kleiber schmettert. Die lernwilligen Exkursionsteilnehmer haken auf einem gelben Bogen Mönchsgrasmücke und Zilpzalp ab. Kurz trommelnd sorgt der Buntspecht für Aufregung. »Das muss jetzt aber ein Schwarzspecht sein – sehr, sehr selten. Die Amsel singt am liebsten morgens und abends. Warum? Da hat sie Zeit«, erklärt Hobby-Ornithologe Geza Avar und schmunzelt dabei.

Kanadagänse, Blesshühner und Krickenten ziehen über das Wasser, und die Zwergtaucher trällern. Es lohnt sich, nach dem Eisvogel Ausschau zu halten. Auf dem Geäst, das aus dem See ragt, trocknen gerne Kormorane ihr Gefieder. Ein paar Schritte noch, dann ist es ruhiger. Noch einmal stößt ein Schnattern den Hang herauf. »Ente«, konstatiert Geza knapp und beendet die Lehrstunde.

Adresse Dünnwalder Grenzweg, 51375 Leverkusen-Schlebusch | **wupsi** Linien 202, 215, 260, Haltestelle Schlebusch Stadtbahn | **Öffnungszeiten** Exkursionstermine erfragen Sie bitte beim NABU, Tel. 0214/506424, http://nabu-leverkusen.de | **Tipp** Am südwestlichen Zipfel des Sees zweigt ein Waldweg ab, der zur Straße Am Kunstfeld führt. Im Biergarten der Waldschenke kann in Ruhe die Zahl der Kreuzchen auf den ornithologischen Arten-listen verglichen werden, die die NABU-Experten vor der Exkursion verteilt haben; Am Kunstfeld 41, 51069 Köln.

61 Der Kleingärtnerverein

Genua, Manfort, Rotterdam

In einem weiten Bogen zieht sich ein Bahndamm von Süd nach Nord. Die Güterzüge, die über die Ziegelbögen der Dhünnbrücke vorbeirauschen, könnten vom Mittelmeer kommen und bis zur Nordsee fahren. Über dem Gelände des Kleingärtnervereins Manfort e.V. hätten sie zwischen Genua und Rotterdam schon einen Großteil des Weges hinter sich. Ein Schrebergarten an einem Bahngelände zeichnet das wohl spannungsreichste Bild von der Sehnsucht nach Ferne und dem tiefen Hang zur eigenen Scholle. Am westlichen Rand werden die Gärten durch das Bett der Dhünn begrenzt − von dort fließt das Wasser noch 711 Kilometer, bis es sich bei Hoek van Holland ins Meer ergießt.

In der Nische zwischen Bahn und Fluss liegt das grüne Dreieck wie die Mutter aller Kleingartenanlagen. Der 1933 gegründete Verein wurde jedoch erst nach dem Zweiten Weltkrieg hierher »vertrieben«. Die in Manfort verstreuten Gärten mussten dem Siedlungsbau weichen. 1948 kaufte der Verein das Stück Weideland in Schlebuschrath von der katholischen Kirche. Der Bussardweg führt vom Parkplatz unter den Eichen tief in den älteren, urigeren Teil der Anlage, wo Bäume und Sträucher knorriger, die Wege schmaler und die Lauben verwitterter werden. Spalierobst und Gewächshäuser weichen Zugeständnissen an Kinder-, Grill- und Spaßgärten. Auf halbem Weg liegt Parzelle 39, die Kleinlandwirtin Iris gepachtet hat. Ihr Fleckchen Erde wirkt aufgeräumt, aber nicht gezirkelt: Man sieht ihm die Arbeit und die Liebe an, die Nutzen und Zierde zu Schönheit verschmelzen lassen.

Abends, wenn die Pforten zur Anlage geschlossen sind, findet sich draußen am Saumpfad unter den dichten Brombeersträuchern am Bahndamm noch eine krumme Ruhebank zum Verweilen. Während über den Gärten die Sonne versinkt und die wenigen Lampen an den Pfählen mit Keramikisolatoren die Gartenhecken in ein fremdes, schummriges Licht tauchen, rauscht Zug um Zug Richtung Meer.

Adresse Schlebuschrath 30, 51377 Leverkusen-Alkenrath | **wupsi** Linien 202, 209, 214, 217, Haltestelle Graf-Galen-Platz | **Tipp** Die Gartentour kann fortgesetzt werden: Etwas gezirkelter geht es in der Kleingartenanlage im Burgloch zu, die fast gegenüber auf der anderen Seite des Dhünn-Radwegs liegt. 700 Meter weiter flussabwärts mündet rechts der Köttelbach in die Dhünn, hinter der Bahnbrücke folgt noch der Kleingärtnerverein Bernshecke – jetzt reicht es aber.

62 Die Kleinstsiedlung
Schöner Wohnen in der Schachtel

Leverkusens erste Siedlung nach dem Ersten Weltkrieg entstand 1920 am Rande eines rechteckigen Nichts auf der Heide, umgrenzt von den Strecken der Bergisch-Märkischen Eisenbahn, der Rheinischen Bahn sowie den Firmengeländen der Walzwerke Wuppermann und der Dynamit-Fabrik. In einer Zeit, in der Genossenschaften zunehmend das neue soziale Bauen stärkten, bewies Gemeindebaumeister Wilhelm Fähler mit einem noch recht traditionell orientierten Frühwerk, dass er auch Reformarchitektur konnte.

Ein paar Meter neben der Kalkstraße ist auf einem nahezu quadratischen Grundstück die Kleinstsiedlung Heidehöhe erhalten. Obwohl sich auf ihrer geringen Fläche 72 Ein- und 6 Mehrfamilienhäuser versammeln, wirkt die Anlage aufgelockert und freundlich hell. Durch Staffelung der rechtwinklig angeordneten Baublöcke ist in den Straßenzügen Raum entstanden. In ihrer Gleichförmigkeit verströmen die behutsam restaurierten Häuschen mit ihren Walmdächern einen sympathisch schlichten Reiz: Grüne Schlagläden, Reliefmotive an den Fassaden und Medaillons über den Hauseingängen füllen das Straßenbild mit Wärme.

Sparsamkeit prägte das genossenschaftlich finanzierte Wohnungsbaumodell für einkommensschwache und kinderreiche Arbeiter: Auf Flure wurde verzichtet. Beheizbar waren nur Wohn- und Spülküche. Je nach Familiensituation konnten die Zimmer unterteilt werden. Derlei Maß und Funktionalität der Unterkünfte galt zwischen den Weltkriegen bei äußerst schmalem Gelbeutel als fortschrittlich. Im Haus Nummer 77 befand sich ein Filialladen der sozialistischen Konsumgenossenschaft »Hoffnung«. Zum Ende der Weimarer Republik wurde das winzige Viertel zur KPD-Hochburg.

Der Weg hinter die Torbögen in den grünen Hof lässt die Not von damals vergessen. Wo einst die Ernte zur Selbstversorgung erarbeitet werden musste, finden sich heute an jeder Hauseinheit zwischen den Lauben gastliche Mischgärten.

Adresse Heidehöhe, 51377 Leverkusen-Manfort | **wupsi** Linien 207, 209, 210, 211, 217, 222, 227, Haltestelle Heidehöhe | **Tipp** Was liegt hinter dem Gattertor auf der Rückseite der Siedlung? Natürlich, eine Kleingartensiedlung. Das warme Licht in Heinz Paffraths kleiner Bäckerei in der Sauerbruchstraße 39a lockt zu Kaffee und Bienenstich am Stehtisch.

63 Die Krautfabrik
Kraut für die Welt

In den 1960er Jahren grüßte auf Briefen noch ein Stempel mit der Postleitzahl 5674 und einer Birne sowie einem Apfel im Tintenkreis aus Bergisch Neukirchen – dem Mittelpunkt der Bergischen Obstkammer. Besonders geeignete Lössböden und ergiebiger Regen begünstigen hier seit jeher den Anbau. An fast jeder Ecke der Landstraßen bei Bergisch Neukirchen sind Holzstände oder Plastikerdbeeren aufgeklappt, in denen Kisten und Schälchen mit der farbenfrohen Ernte locken. Meist stehen noch ein paar Flaschen Saft oder Likör auf der Theke. Auf der Durststrecke in die nächste Ortschaft winken lachende Apfelmännchen auf Hinweistafeln zum nächsten Hofladen.

In den 1920er Jahren war die L232 von April bis Oktober in Bergisch Neukirchen für den Automobilverkehr gesperrt. Alljährlich am letzten Juliwochenende machte sich das Volksfest auf der Durchgangsstraße breit, und am Kirmessonntag fiel der Startschuss für die Obsternte, die mit den frühen Birnen startete. Unverkäufliche oder überschüssige Äpfel und Birnen aus der reichlichen Ernte der Bauern gingen in die Presse der beiden Krautfabriken.

Einzelne Haushalte verstanden sich schon seit längerer Zeit aufs Pressen. Die Besitzer waren mit ihren Obstgärten überfordert, aber das Fallobst durfte ja nicht verkommen. Also musste es verarbeitet werden, und das geschah in den Krautpressen. Im Herbst zog aus den Kesseln das warme Aroma der Früchte über die Hänge. Im Volksmund wurde der süße Aufstrich »Krückchesbutter« genannt. Daraus leitet sich der irreführende Name ab, der mit Sauerkraut nichts zu tun hat. Aus Süßäpfeln wurde Diabetikerkraut hergestellt, das zu einem weltweiten Verkaufsschlager avancierte. Die »Aelteste rheinische Apfelkraut-Fabrik J.H. Wirtz Söhne« verlieh der Produktion nahezu industrielle Dimensionen. In Massen lieferten die Bauern den Überschuss, der Preis der gewogenen Früchte wurde ihnen gutgeschrieben.

Adresse Burscheider Straße 106, 51381 Leverkusen-Bergisch Neukirchen | **wupsi** Linien 239, 240, 251, 253, 258, Haltestelle Wuppertalstraße | **Tipp** Auf der gegenüberliegenden Straßenseite steht ein verstörend platziertes wie theatralisch überhöhtes Kriegerdenkmal. Daran vorbei gelangt man in die wunderbare evangelische Kirche zu den goldumrankten Putten und dem Kanzelaltar. Ihr Stil wird im Volksmund »Bergischer Barock« genannt.

64 Das Kriegerehrenheim

Späte Ehre

Im Winkel eines Dreiecks, dessen Schenkel die Autobahnen A 1 und A 3 sowie die Schnellstraße Europaring bilden, liegt die Siedlung Am Neuenhof. Auf mächtigen Stelzen wälzt sich der Fernverkehr zwischen Rheinbrücke und Bergischem Land entlang der Nordkurve des Stadions. An spielfreien Tagen ist die Parkfläche kaum ausgelastet, und das überdachte Areal, das sich über knapp 1.000 Meter erstreckt, wird zur Fahrschulübungs- oder Rollschuhpiste. Das Verfallsdatum der maroden Hochstraße ist fast erreicht. Die Ausmaße des Bauwerks, die dahinbrausende Pkw-Lawine sowie die unmittelbare Randbebauung lassen das Projekt einer neuen Mega-Stelze oder eines Tunnels noch utopisch erscheinen. Wenn es ein Tunnel wird, bleibt die Stelze immerhin bis Baubeginn dankbares Motiv für Beton- oder Graffitifotos. Auch der Europaring, der seine Schneise Richtung Opladen schlägt, macht keinen gesunden Eindruck. Die Wände der Kluft unter der Windthorststraße werden von Eisenträgern gestützt.

Die historische Siedlung zwischen den Magistralen gibt sich unbeeindruckt von Verfall und Verkehr. Sie wurde im Jahre 1929 errichtet und entstammt dem Zeichenbrett des Stadtbaumeisters Wilhelm Fähler, der auch die Pläne für das Kriegerehrenheim lieferte. Das Haus, 1931 fertiggestellt, scheint heute unter die Stadtautobahn rücken zu wollen. Würden die Türme der Stadtbeleuchtung hier noch dauerhaft strahlen, läge die Fassade sicher im Schatten der Trasse. Der eigenwillige graue Schriftzug »Kriegerehrenheim der Stadt Leverkusen« aus schmiedeeisernen Lettern wirft tagsüber nur kurz seinen Schatten auf den beigefarbenen Putz der Hausfront.

Das Heim bot nach seiner Fertigstellung Kriegsbeschädigten und Hinterbliebenen eine Unterkunft. Bis hin zu den Fußabstreifern aus Eisen an den Hauseingängen ist die Substanz des Baudenkmals außen wie innen mit Details aus der Bauzeit erhalten.

Adresse Windthorststraße 28, 51373 Leverkusen-Küppersteg | **wupsi** Linien 201, 204, Haltestelle Am Neuenhof | **Tipp** Welch ein Luxus: Der Skaterpark ist überdacht. Die Rampe am Europaring darf aus Leverkusener Sicht als naturgegeben bezeichnet werden. Hingerollt wird über die Windthorststraße nach Süden und dann durch die Eisenbahnunterführung.

65 Die KRONOS-Teststation
Weißer als weiß

Hinter Edelrath führt die Landstraße über die Kuppe des Uppersbergs. Der Blick öffnet sich links zu einem sanft geschwungenen Hügelzug, an dem ein atelierartiges Haus liegt: Das Traumanwesen für Galeristen scheint vom Rand der Wüste bei Palm Springs auf die bergische Wiese verpflanzt. Der Wegweiser »KRONOS Teststation« beim Steinkreuz führt nach Engstenberg und um zwei Haken zu dem kühlen, lichten Bau aus den frühen 1960er Jahren. Kunst im Garten ist das nicht. Auf 51 Grad nördlicher Breite, 7 Grad östlicher Länge, 150 Meter über dem Meer wird hier bei gemäßigtem Klima Material bewittert und das Ergebnis im Labor ausgewertet.

»KRONOS International« mit Sitz und Fabrik in der Wiesdorfer Peschstraße produziert ein Pulver mit der Formel TiO_2. Es gibt kein farbloses Material mit einer höheren Brechzahl des Lichts als dieses Weißpigment Titandioxid. Der katalytische Effekt, der durch die Absorption des UV-Lichts entsteht, dient in unzähligen Anwendungen der Materialwissenschaft als Radikalfänger. TiO_2-Pigmente finden in Farben, Lacken, Folien, Pflastersteinen, Ziegeln, Dielen und Kunststoffen Verwendung und sorgen dafür, dass sie ansehnlich bleiben. Deshalb wittern sie testweise jahrelang in Engstenberg herum – oder in Arizona, Florida und Südfrankreich, wo KRONOS weitere Stationen unterhält.

Auf den Ständen trotzen Prüfplatten – abhängig vom Einsatzzweck des Materials in 45-Grad- oder 90-Grad-Ausrichtung nach Norden oder Süden – Sonne, Temperatur und Feuchtigkeit. Nahe Bäume und Sträucher sorgen für biologischen Befall. Vogeldreck gibt's auch reichlich. Hinter den hohen Glasfronten unter der Dachblende im KRONOS-Blau kämpfen farbige Proben unter Treibhausbedingungen mit ihrer Lichtbeständigkeit. Eine anschauliche Bewitterung steht in Engstenberg gleich rechts neben dem Eingang hinten am Zaun: An der Hauseigentümer-Klagemauer beweist sich Fassadenfarbe im bergischen Wetter.

Adresse Im Kirberg 21, 51377 Leverkusen-Engstenberg | **wupsi** Linie 212, Haltestelle Engstenberger Weg | **Tipp** Direkt vor der Teststation geht es rechts zum Haus Im Kirberg 27. Dort hat das »Haus Nussgarten« im Mai und Juni für Gartentage sowie im September und Oktober für Erntetage geöffnet. Informieren Sie sich bitte auf der Internetseite www.haus-nussgarten.de oder schicken Sie der Inhaberin, Johanna Partz, eine Mail: johannapartz@haus-nussgarten.de.

66 Kump
Cinemascope

Die höchste Erhebung von knapp 200 Metern über Normalnull auf dem Leverkusener Stadtgebiet liegt bei den Häusern am Heidberg, einer Enklave, die an einen Wertstoffhof und ein Biomassezentrum grenzt. Schon vor dem Tor zum Firmengelände verlässt das Sträßchen Im Perrfeld den Höhepunkt und neigt sich mit der Abzweigung Auf'm Kradenplatz dem Weiler Kump zu. Nach einem starken Regen, der die Luft von Schmutzpartikeln gesäubert hat, ist ein Spaziergang durch die Felder zur nächsten Bank mit Panoramablick ein Erlebnis. Wer ein Auto besitzt, kann sich vorsichtig am Straßenrand einen Platz in der ersten Reihe sichern, um das Panorama bei einem Getränk und passender Musikbegleitung zu genießen.

Cinemascope ist für Schlangen und Beerdigungen: Vor der grandiosen Szenerie über dem Feld ragt nur noch der Kirchturm von Sankt Nikolaus in Neuboddenberg in den Himmel. Zur Orientierung im Breitwandformat dient eine überregionale Landkarte: Im Süden lassen sich die Züge des Siebengebirges erspähen. Über den Bonner Posttower, die Schlote von Wesseling und das Vorgebirge wandert der Blick zur Kölner Silhouette. Im Westen erhebt sich die Glessener Höhe, und die Kraftwerke bei Bergheim und Grevenbroich schmauchen riesige Dunstschwaden in den Himmel. Hinter den Kuppen im Norden verstecken sich Dormagen, Neuss und Düsseldorf. Die Leverkusener Wahrzeichen Werk, Wasserturm und Fußballarena liegen zum Greifen nahe unter den wogenden Ähren.

Reiter wandern gegen die untergehende Sonne ins waldige Tal unter Ropenstall. Ihnen folgend gelangt man zu einem verzweigten Bachtal an der Hirzenberger Mühle. Wer Leverkusen unbedingt nach Burscheid verlassen möchte, folgt in anderer Richtung dem Zaun an der Deponie ins Tal Richtung Lambertsmühle. Hinter dem Neuenhof windet sich das holprige Sträßchen zu einer Kathedrale von Autobahnbrücke über den Landscheider Bach.

Adresse Auf'm Kradenplatz, 51377 Leverkusen-Kump | **wupsi** Linie 260, Haltestelle Schnorrenberg (circa 15 Minuten Fußweg über Wüstenhof und Niederblecher) | **Tipp** Wer nach so viel Aussicht Tallage bevorzugt, schaut sich die Gronenborner Mühle an. Ebenfalls sehenswert: Gaststätte Kaup mit Campingplatz (an der Bushaltestelle).

67 Der Künstlerbunker

Entrüstetes Stadtmöbel

Der Bunker steht seit Anfang der 1940er Jahre in der Karlstraße. Das Bollwerk der Bauart LB 4, wobei LB für Luftschutzbunker steht, sollte den Menschen aus der Opladener Neustadt und der Eisenbahnersiedlung Schutz bieten. Die Anlage besteht aus einem Flachbau, einem halbrunden Lüftungsturm und dem Hochbunker mit sieben Stockwerken. Ein erstaunliches Detail stellt die gurtartige Gliederung dar, die gestalterische Formen der umliegenden Häuserblöcke aufnimmt. Der Gedanke an einen Bunker, der sich in seine Umgebung einfügen will, wirkt verstörend – vor allem in Verbindung mit dem Bild einer Flakstellung auf dem Turm, die dort während des Krieges installiert war.

Dass der Bunker Fenster hat, irritiert ebenso. Diese wurden erst nach dem Krieg in den zweieinhalb Meter dicken Beton geschnitten, um die Räume halbwegs bewohnbar zu machen. Nach seiner Entfestigung im Jahr 1959 wurde LB 4 gewerblich genutzt.

Das Erforschen von verlassenen Industriebauten, Krankenanstalten, Herrenhäusern, Klöstern und Bunkern ist für zahlreiche Hobbyforscher und passionierte Fotografen fast zu einer Trendsportart geworden. Hinter Zäunen und Mauern suchen die Neu-Archäologen eine Momentaufnahme zwischen Aufgabe und Verfall. Sie nennen die eroberten Orte in ihren Dokumentationen »Lost Places«. Der Bunker in der Karlstraße ist definitiv nicht »lost«.

Nach einigem Gezerre zwischen den städtischen Kaufinteressenten, fünf Bundesministerien und der Bundesvermögensverwaltung wurde LB 4 1988 als Künstlerbunker Domizil für Ateliers sowie Spielstätte der Studiobühne. Bei Vernissagen und Premieren wird der Bunker zum öffentlichen Kunstraum. Die Schritte in den kühlen grauweißen Treppenfluchten mit den blutroten Handläufen hallen heute scheinbar mahnend durch das ehemalige Kriegsgerät.

Wem die Bilder in diesem Buch gefallen, kann den Fotografen im Bunker besuchen: Johannes Seibt hat dort eines der Ateliers gemietet.

Adresse Karlstraße 9, 51379 Leverkusen-Opladen, www.kuenstlerbunker-lev.de | **wupsi** Linien 201, 202, 203, 222, 250, 251, 255, Haltestelle Wilhelmstraße | **Tipp** Eine der letzten Traditionsgaststätten im Badehandtuchformat mit der klassischen Schiebefensterdurchreiche hat in der Kölner Straße 106 geöffnet. Der elegant geschwungene Neonschriftzug in Nikotingelb ist momentan leider nur noch auf alten Fotografien zu entdecken.

68 Die Landwirtschaftsschule

Der klügste Bauer hat die besten Kartoffeln

Peter Klotzbach aus Barmen hat das Gesicht Opladens im frühen 20. Jahrhundert geprägt. Als Leiter der Bauberatungsstelle des Landkreises Solingen hatte er gehörigen Einfluss auf die Architektur der Region. Der wohl markanteste Bau, der seine Handschrift trägt, ist das Kreishaus am Landrat-Trimborn-Platz auf dem Frankenberg, in dem heute das Archiv der Stadt Leverkusen untergebracht ist. Das Verwaltungsgebäude mit dem angrenzenden Wohnhaus für den Landrat, 1914 errichtet, wurde ursprünglich von einem Regierungsbaumeister Plange entworfen, doch Architekt Klotzbach griff so stark in die Gestaltung ein, dass ihm das Werk ohne viel Bedenken zugeschrieben werden kann. Ein paar Meter entfernt findet sich zweifellos ein Paradebeispiel für Klotzbachs Stil: Die Landwirtschaftsschule wurde in den Jahren 1919 und 1920 erbaut.

Das Laubwerk wirft ein reizvolles Schattenspiel auf den weißen Schlämmputz und die Kunststeinwerkstücke der Fassade. Der Schriftzug über der Tür kündet von einer Schulzeit vergangener Tage. Neben der »Winterlichen Landwirtschaftsschule für Aus- und Fortbildung« beherbergte das Gebäude eine Hauswirtschaftsschule für Frauen in landwirtschaftlichen Berufen und ein kleines Nahrungsmitteluntersuchungsamt. Die drei Eingänge über der Treppe scheinen für die Ausbildungszweige zu stehen. Direktor und Hauswirtschaftslehrerin wohnten in ihrer Anstalt. Für ausreichend Praxis standen Gärten, Ackerflächen und Gewächshäuser zur Verfügung.

Die Landwirtschaftsschule hat einen kleinen Teil ihres einstigen Zwecks beibehalten. Heute ist hier ein Standort des Chemischen und Veterinäruntersuchungsamtes Rheinland untergebracht. Nachdem die Zahl der Landwirtschaftsschulen in den 1950er Jahren stetig sank, sind sie heute hauptsächlich in ländlichen Gebieten mit hoher Viehdichte anzutreffen und bieten dort vielfältige Agrarausbildungen vom Pferdewirt bis zum Milchtechnologen an.

LANDWIRTSCHAFTSSCHULE

Adresse Düsseldorfer Straße 153, 51379 Leverkusen-Opladen | **wupsi** Linien 202, 231, 232, 250, 253, 255, Haltestelle Wupperbrücke | **Tipp** Der Weg in die Hermann-Löns-Straße führt zu den Wohnhäusern für Beamte der Kreisverwaltung, die zeitgleich mit der Landwirtschaftsschule errichtet und ebenfalls von Architekt Klotzbach geplant wurden.

69 Das Ledigenheim
Züchtiger Wohnen

23 der ehemaligen Gebäude des Eisenbahn-Ausbesserungswerkes mussten ab 2008 der Umgestaltung des Geländes zur Neuen Bahnstadt weichen: Speisesaal und Badehaus hatten den Eingangsbereich zum Betrieb über 100 Jahre geprägt. Glücklicherweise haben es einige Glanzlichter der Industriekultur ins Jetzt geschafft – darunter das Ledigenheim. Es wurde 1907 erbaut und stammt vom Architekten Peter Klotzbach, dessen Schaffen den Opladen-Besucher auf Schritt und Tritt verfolgt.

Eine ernsthafte Herausforderung stellten in den ersten Jahren des Betriebs die Unterkunftsmöglichkeiten dar. 1908 werkelten vor Ort schon knapp 2.000 Arbeiter für die Eisenbahn. Untermietverhältnisse auf engem Raum zwischen Familien, die bereits in eine Wohnung eingezogen waren, und unverheirateten Arbeitern wurden von der Werksleitung mit Sorge betrachtet. Man befürchtete, das Zusammenleben könne zu einem »Schlafstellen-Unwesen führen, das geeignet sei, einen die Gesundheit und die gute Sitte gefährdenden Missstand herbeizuführen«. Das war nett umschrieben und wahrscheinlich nicht ganz unberechtigt, also wurde das Ledigenheim errichtet.

Die Zimmer hatten Zentralheizung und elektrisches Licht. Die Grundausstattung bestand aus Spind, Bett, Stuhl und Tisch. Beide Geschosse des Bullenklosters verfügten über Trocken-, Putz-, Wasch- und Abort räume. Den Speisesaal durften auch Arbeiter aufsuchen, die nicht im Heim wohnten. Diese konnten ihr mitgebrachtes Essen in einer Wärmvorrichtung erhitzen. Der Preis für einen Platz unter Unverheirateten betrug im Vierbettzimmer 20 Pfennig am Tag und staffelte sich auf bis zu 70 Pfennig für die Einzelunterbringung, inklusive Beleuchtung, Heizung, Waschmöglichkeit sowie Handtüchern und Bettzeug. Wer in der Lage war, neben dem Schlafnoch ein Verpflegungsgeld zu entrichten, wurde mit Vollpension versorgt, die ein zweites Frühstück vorsah.

Adresse Werkstättenstraße 43, 51379 Leverkusen-Opladen | **wupsi** Linie 206, Haltestelle Kesselhaus | **Tipp** Die ältesten Arbeiterhäuser, die mit dem Ausbesserungswerk ab 1903 errichtet wurden, finden sich am nördlichen Eingang der Werkstättenstraße. Auch die benachbarte Feuerwehrwache ist ein sehenswerter Bestandteil des Ensembles.

70_ Der Lindenhof

Längst nicht ausgetanzt

Viermal im Jahr findet im Lindenhof ein Kindertrödelmarkt statt. Quietschbunte Stapel gebrauchten Spielzeugs sprenkeln dann Farbkleckse hinter die Fenster des lang gezogenen Trakts, der zwischen Autobahn und Hochhaus an trüben Tagen einen leicht abgetragenen Eindruck hinterlässt. Dabei blickt das runde Fenster in dem markanten Türmchen recht einladend in die Weiherstraße. Die tiefgrüne Fläche des Weihers hinter dem Haus scheinen sogar die Enten zu meiden. Und obwohl es in der Umgebung kaum an Trinkhallen mangelt, bleiben die Mäuerchen meist von den sonst allgegenwärtigen Jägermeisterjüngern verschont.

Vom Lindenhof und seinem Garten scheint ein Zauber auszugehen, der ihm seine stille Verlorenheit bewahrt. In einem schmiedeeisernen Kranz an der Hauswand wachsen Lindenblätter aus dem goldenen Schriftzug. Wo einmal der Eingang zu einer Gartenterrasse gewesen zu sein scheint, erinnert ein verwittertes Schild an die Vergangenheit des Etablissements als Ausflugsgaststätte. Gastwirt Emanuel Mosler hatte hier ab 1870 in den Kellergewölben natürliches Eis gelagert, das er im Sommer an Brauereien lieferte. Die Erfindung der Kunsteisherstellung zwang Mosler zum Umdenken, und so richtete er ein Lokal ein. In den 1930er Jahren erhielt der Lindenhof nach einer Umgestaltung sein heutiges Erscheinungsbild. Das nahe Walzwerk Wuppermann nutzte das Gebäude zeitweilig als Kasino und stellte es als Begegnungsstätte für Bürger zur Verfügung.

Später tanzten sich Generationen von Jugendlichen im Saal zum ersten Kuss. Noch heute unterhält die Stadt im Lindenhof ein Jugendzentrum: Während das Schlagzeug dröhnt, die Plätzchen duften, der Kickertisch klackert und der Bus ins Ferienlager aufbricht, fällt der Blick von der Veranda auf den Weiher, und der Sommerhimmel schickt ein strahlendes Blau auf die glatte Fläche, auf der sich das Spiegelbild des Laubdaches bricht.

Adresse Weiherstraße 49, 51373 Leverkusen-Manfort | **wupsi** Linien 203, 207, 209, 210, 211, 212, 214, 217, 222, 227, Haltestelle Konrad-Adenauer-Platz | **Tipp** Der Duisburger Künstler Dietrich Seidel lieferte den Entwurf für Leverkusens längstes Kunstwerk in der Syltstraße zwischen der L 290 und der Schleswig-Holstein-Siedlung. Es handelt sich um einen ornamental überaus reizvollen Betonguss, der an der A 3 auch den Zweck einer Schallschutzwand erfüllt.

71__Das Mall-Parkhaus
Galaxy

In Sczeczin, Polen, gibt es eine Mall, die Galaxy heißt. Leverkusens nicht mehr ganz so neue Mitte aus dem Jahr 2010 sieht sogar nach Galaxy aus. Normalerweise haben Städte eine Mall *und* ein Rathaus. Leverkusen hat eine Mall, an der sich auch ein Rathaus befindet. Der Rat tagt in der Rotunde, die gleich einer Kommandozentrale auf dem Objekt klebt. Die Mallwalker-Korridore sind von den üblichen Läden gesäumt. Im Heimatgeschichte-Regal der Stadtbibliothek, die sich in einem Seitenflügel mit Blick auf die Stadtautobahn befindet, erinnern einige Bildbände an die beiden abgerissenen Rathäuser, das elegante Stadthaus und das Bayer-Kaufhaus, an deren Stelle heute die Galerie steht.

Wo geshoppt und gegessen wird, muss auch geparkt werden – folglich erstreckt sich auf der Mall über zwei Etagen eine weitläufige Garage. Wahrscheinlich ist es untersagt, sich dort ohne Grund, nämlich das Abstellen eines Kraftfahrzeugs, aufzuhalten. Dennoch sei das unauffällige Schlendern und Verweilen zwischen den Wagenreihen empfohlen. Bei mitgebrachten Getränken über die Parkdecks flanierend, bietet sich ein versteckter Backstage-Blick auf die Stadtmitte, die seit der Errichtung der ersten Neubauabschnitte in den 1970er Jahren auch City genannt wird.

Der öffentliche Logenplatz in der Parkhaus-Galaxy lässt in die Flucht des Wiesdorfer Platzes bis zur Herz-Jesu-Kirche schauen – eine Aussicht, die im Vorgängerbau dem Büro des Oberstadtdirektors und anderen Arbeitsplätzen mit Vorzugslage vorbehalten war. Doch auch der Gang entlang des Geländers an der B-Seite Richtung Norden und Osten öffnet seit 2010 neue Blicke, die sich über die Kolonie II zum Wasserturm, zum Forum, BayArena und schließlich, fast in Vogelperspektive, auf den Busbahnhof richten. Besuchen Sie das Parkhaus, solange es noch möglich ist: Die Tage des ZOB mit seiner abgewetzten 70er-Ödnis sind gezählt.

Adresse Friedrich-Ebert-Platz 2, 51373 Leverkusen-Wiesdorf | **wupsi** Linien 201, 203, 204, 208, 210, 211, 220, 221, 233, 250, 251, 255, Haltestelle Rathaus Galerie | **Öffnungszeiten** Mo–Sa 7–20.30 Uhr | **Tipp** Die Flucht ins Grüne erfolgt über die Dhünnstraße und schnell vorbei am Chinarestaurant zur Dhünn. Am linken Ufer führt ein schmaler Weg entlang der Rückseite von Kolonie II. Dieser wird bald zu einem Fischlehrpfad und trifft auf einen Abzweig zu einer weiteren Attraktion – der Wackelbrücke.

72__Marias Haus
Die Schleiferin

Schlebuscher Spaziergängern und Kindern auf dem Schulweg ist das Bild seit vielen Jahren vertraut: Wenn sie die scharfe Kurve hinter der Steigung über dem Freudenthaler Sensenhammer passieren, führt vom Hammerweg ein schmales Gässchen zum Freudenthaler Weg mit einem Garten voller Sonnenblumen und prächtiger Stangenbohnen. Bei Sonnenschein strahlen karierte Küchenhandtücher von der Leine.

Vor dem eingeschossigen, weiß gekalkten Arbeiterhäuschen sitzt, wann immer es geht und stets in Schwarz gekleidet, Maria Fiorentino in ihrem Gartenstuhl. Ihre Hände liegen gefaltet im Schoß auf dem Kittelschurz, als würden sie sich immer noch zum Feierabend ausruhen. Ab und an ein Winken, ein freundliches Lächeln – es ist ein Glück, wenn Maria wieder da ist.

Maria Fiorentino, 1936 geboren, kam aus der Gegend um Neapel nach Schlebusch, ihr Weg führte sie über Frankreich und die Schweiz und war von harter Arbeit in Spülküchen und im Straßenbau geprägt. Mitte der 1970er verlor Maria ihren Mann bei einem Autounfall, seitdem fühlt und trägt sie Trauer. Eine Familie war zu ernähren: Maria schärfte als einzige Schleiferin unter Männern in der Sensenfabrik die Klingen, eine Knochenarbeit, bei der vor allem der immerwährende Fluss des kalten Wassers über die Schleifsteine die schutzlosen Hände ruinierte. Wo heute gehobene Wohnbebauung nahe rückt, grenzten Erdbeerfelder und eine Tannenbaumschonung an das Arbeiterhaus. Wenn abends hinter Gardinen ein warmes Licht erglüht und der Blick von der Ruhebank in der Kurve über den Schornstein und das Tal wandert, täuscht das Idyll vielleicht über ein hartes Arbeitsleben hinweg.

1987 schloss Deutschlands letzte Sensenfabrik »H. P. Kuhlmann Söhne«. Das Team des Industriemuseums und die Schmiedegruppe arbeiten in den ehemaligen Fabrikhallen gegen den Verlust der Erinnerung an die Fertigkeiten.

Adresse Freudenthal 63, 51375 Leverkusen-Schlebusch | **wupsi** Linien 202, 207, 208, 222, 225, 260, Haltestelle Von-Diergardt-Straße | **Tipp** Gleich hinter dem Haus 63 liegt die Villa des Sensenfabrikanten am Hang.

73 Der Mühlengraben

An der Wupperinsel

Hinter der Eisenbahnunterführung an der Wehranlage der Reuschenberger Mühle führt gegenüber dem Reuschenberger Hof eine Steinbrücke über den Mühlenobergraben. Dieser zieht sich gut gefüllt geradeaus unter den bewaldeten Hang. Links entlang der Bahnlinien liegen Pferdekoppeln. Auf der anderen Seite der Gleise, auf den Feldern zwischen Rosendahlsweg und dem Neuburger Hof an der Solinger Straße, befindet sich ein Platz archäologischer Funde. Sie wurden 1845 während des Baus der Köln-Mindener Eisenbahn entdeckt und untersucht. Die ältesten Funde stammten aus der jüngeren Altsteinzeit. Auf Rastplätze und eine beginnende Besiedelung oberhalb der Wupper ließen zahlreiche später zu datierende Funde von Scherben und Feuersteinwerkzeugen aus Mittel- und Jungsteinzeit schließen. Zwischen Wupper und Rheindorf beginnt die Forschungsgeschichte der Leverkusener Archäologie.

Der Weg führt über die Brücke zurück in die Neuzeit und über den schattigen Weg entlang des aufgestauten Mühlengrabens bis an die Wupperinsel vor eine weitere Wehranlage, die jenseits eines Stegs umrankt im Dornröschenschlaf liegt. Mit etwas Glück, wenn der Übergang geöffnet ist, gelangt man auf die Wehrbrücke, deren etwas rostbrüchiges Geländer mit Mühlrädern und großen Ziffern mit der Jahreszahl 1840 verziert ist. Aus dem glitschigen Mauerwerk sprießen Heere von Pilzkulturen. Im nachmittäglichen Sonnenschein fallen einige Lichtstrahlen schräg durch das dichte Laubdach und lassen die dunkle, glatte Oberfläche des Gewässers geheimnisvoll schimmern.

Da in der Reuschenberger Mühle noch Strom durch Wasserkraft erzeugt wird, ist das gesamte Graben- und Kanalsystem bis heute in Betrieb. Wenn das Tor an dieser Stelle des Grabens geschlossen ist, führt eine Brücke etwas weiter oberhalb des Zuflusses über die Wupper und von dort hinauf in die Steinzeit beim Neuburger Hof.

Adresse Gut Reuschenberg, 51373 Leverkusen (im Wald) | **wupsi** Linie 203, Haltestelle Erzberger Straße; VRS S 6 Bahnhof Küppersteg | **Tipp** Im Tierschutzzentrum am Ende des Weges flussaufwärts warten einsame Kaninchen auf die Adoption, Reuschenberger Straße 100, www.tsvlev.de.

74_ Das Obstgut Morsbroich

Alkmene und Goldparmäne

Die Familienverhältnisse sind etwas kompliziert: Der Justizrat und Bürgermeister von Opladen Vincenz Joseph Deycks, ein Pionier des Bergischen Obstbaus, hatte eine Schwester namens Clara. Die heiratete 1801 den späteren Bürgermeister von Schlebusch und Opladen Jacob Salentin von Zuccalmaglio. Aus der Ehe gingen sechs Kinder hervor, darunter Vincenz Jacob von Zuccalmaglio, der 1806 in Schlebusch geboren wurde, in Heidelberg Rechtswissenschaften studierte und als Schriftsteller und Volksliedsammler unter dem Namen Montanus bekannt wurde. Mit seinem Schwiegersohn, einem Ingenieur aus Grevenbroich, schließt sich der familiäre Obstkreis mit einer Apfelzüchtung, die er Zuccalmaglios Renette taufte. In Schlebusch erinnert das Zuccalmaglio-Haus in der Bergischen Landstraße 53 an die in jeder Hinsicht fruchtbare Familie.

Unweit von Schlebusch liegt das Obstgut Morsbroich, dessen Geschichte nicht ganz so weit zurückgeht. Immerhin feierte der Betrieb im September 2015 an einem Jubiläumswochenende sein 90-jähriges Bestehen mit der Verkostung traditioneller Apfelsorten wie Alkmene und Goldparmäne von fast ebenso alten Obstbäumen. Von Schlebusch kommend führt der Weg auf einer Brücke über die Schnellstraße und die Wiesen des Gutes zu einer geziegelten Mauer, die sich leicht zu den Bäumen zu neigen scheint und an einem rostigen Eisentor endet. Die weiße Halle mit dem freundlich gerundeten Schriftzug ist schon aus einiger Entfernung zu sehen. Beim Blick über den Zaun auf die Plantage fällt der hohe Anteil an selten gewordenen Hoch- und Halbstammgewächsen auf, die gern die alten Sorten tragen.

Das Außergewöhnliche an Rolf Müllers Obstgut Morsbroich ist jedoch, dass es wie ein Nest in einer fast städtischen Umgebung zu ruhen scheint, die das Anwesen im Laufe seiner Geschichte umzingelt hat. Ein Qualitätsindiz ist die saisonale Verknappung des köstlichen Morsbroicher Apfelsafts.

Adresse Auerweg 2, 51377 Leverkusen-Alkenrath | **wupsi** Linien 212, 214, Haltestelle Museum Morsbroich | **Öffnungszeiten** Jan.–März Mi 8–13 Uhr, Do und Fr 8–18 Uhr, Sa 8–13 Uhr, April–Dez. zusätzlich Mo und Di 8–13 Uhr | **Tipp** Über die nahe Dhünn führt wenige Meter flussaufwärts eine kleine Brücke zum Städtischen Klinikum. Die ursprünglichen Anlagen des Krankenhauses aus dem Jahr 1956 galten zu dieser Zeit international als Musterbau; Am Gesundheitspark 11, 51375 Leverkusen-Schlebusch.

75 Der Obstweg
Achtung, frei laufende Hühner!

Von der Bushaltestelle in der Trabantensiedlung »Schöne Aussicht« geht es die gleichnamige Straße hinauf und hinter den Kleingärten rechts auf die Rundwandertour des Obstweges, der mit der Kontur eines Apfels markiert ist. Nach rund 270 Metern erreicht man bei einer Informationstafel schon den Aussichtspunkt, von dem der Blick nach Nordwesten über die Streuobstwiesen am Talhang und zum Kirchturm von Bergisch Neukirchen reicht. Auf dem Schild am Wegesrand ist eine alte Plakatwerbung der »Bergischen Obstkammer Rhein-Wupper, Landwirtschaftliche Genossenschaft E.G.M.B.H«, abgebildet: In saftigen Farben liegen große Äpfel, Birnen, Erdbeeren, Kirschen und Pflaumen neben einem Fachwerkhaus und einer Kirchturmspitze in der Landschaft. Weitere Fotos in Schwarz-Weiß zeigen historische Aufnahmen eines Leichlinger Apfelpflückers und eines Leverkusener Bauernhofs. Mit einigen Erläuterungen zur örtlichen Obstkultur und deren Geschichte entlässt das Schild die Wanderwilligen auf eine reizvolle Runde in gemäßigtem Auf und Ab über 9,2 Kilometer.

Bevor es dem Apfel folgend hinab nach Atzlenbach geht, lohnt sich der Blick zurück auf die Rheinische Bucht. Weiter durch das Naturschutzgebiet des Ölbachtals bei Grund erreicht man bald den Panoramaradweg Balkantrasse, der oberhalb des Wanderweges verläuft. Während es tiefer ins Tal geht, wird die breite Spur zu einem waldigen Pfad am Weidezaun. Bei einem Sportplatz trifft der Obstweg auf seinen Querweg, der nach links wieder hinauf zum Claashäuschen führt, einer Wirtschaft mit Biergarten. Geradeaus, entlang der Pferdekoppeln der Reitschule Ötting, ist bald Walnut Grove erreicht: Spätestens diese wundervolle Ranch mit ihrem Hühnerwarnschild macht den Obstweg zu einem Gesamtkunstwerk, das man gesehen haben muss, bevor man an Vitaminmangel zugrunde geht. Von hier sind es noch 900 Meter zurück zur nicht ganz so schönen »Schönen Aussicht«.

Obstweg

Adresse Schöne Aussicht 10, 51381 Leverkusen-Lützenkirchen | **wupsi** Linien 201, 215, 220, Haltestelle Schöne Aussicht | **Tipp** Gleich unterhalb der Siedlung »Schöne Aussicht« geht es ins Forellental zur Forellenzucht mit dem schönen Namen Fischer (Forellental 45, www.forellenzucht-fischer.de). Weiter talaufwärts gelangt man bei Groß-hamberg zu den Plantagen des Obstgutes Mönchhof.

76 Der Oderwald-Hof

Rubinette und Berlepsch

Der Weiler Hüscheid liegt etwas versteckt im Winkel zwischen den Ausfallstraßen nach Burscheid und Leichlingen. Von Imbach kommend war das schmale Sträßchen durch den Ort ehemals die Hauptverbindung ins Bergische. Heute geht es nur im Schritttempo entlang der Fachwerkhäuser. Neben etwas Ruhe und guter Aussicht gibt es einen triftigen Grund, die Nebenstrecke zu nutzen: die famose Oderwald-Erdbeermarmelade.

Familie Kuppel betreibt auf ihrem Hof einen schnörkellosen Laden mit Nahrungsmitteln aus der Gegend. Die Stammkundschaft überwiegt. Volkstümliches wie geflochtene Strohkränze ist hier nicht zu finden. Neben der Ladentheke liegt ein Pappkarton, auf dem zwischen Schreibschriftwolken Fotos von einem Schulausflug aufgeklebt sind: Eine bunte Schar hoppelt auf Erntewägelchen durch die Oderwald'schen Obstbaumchausseen. »Die Kinder lernen bei uns, dass ein Apfel nicht aus Chile kommen muss«, berichtet Kuppel schmunzelnd – er muss es wissen.

Hinter dem Haupthaus geht es über einen weiten, aufgeräumten Platz entlang der Wirtschaftsgebäude und Hallen zu den Plantagen. Seit vier Generationen ist das Obst die Hauptertragsquelle des Hofes. Heute überwiegen Niederstammgewächse im Bild des modernen Obstanbaus an den Hängen, die in sanften Wellen nach Nordwesten abfallen und den Blick bis zum Düsseldorfer Fernsehturm freigeben. Junior-Chef hier oben ist Matthias Kuppel. Mit Vater Rudi führt er den Hof und die Marke, die auf den Namen des Großvaters Siegfried Oderwald zurückgeht. Die drei sind sich einig: »Das klingt besser.« Dokumente im Familienbesitz weisen eine Landwirtschaft schon um 1547 aus. »Die alten Sorten wie Rubinette und Freiherr von Berlepsch sind pflegeintensiv, wenig ertragreich und in manchen Jahren klein und hässlich. Dafür schmecken sie gut und bringen immer noch genug Mostobst für den Saft«, erklärt Matthias Kuppel und pflückt zwei Äpfel zum Probieren.

Adresse Hüscheider Straße 55, 51381 Leverkusen-Bergisch Neukirchen | **wupsi** Linien 239, 240, Haltestelle Hüscheid | **Öffnungszeiten** Do und Fr 8–18.30 Uhr, Sa 8–13 Uhr | **Tipp** An der Wuppertalstraße 8 kann vor der ehemaligen Turnhalle von 1906 einarmiges Reißen trainiert werden. Der Biergarten vor der Gaststätte mit Saal (der Stadthalle Bergisch Neukirchen) ist die letzte Einkehrmöglichkeit vor dem Abzweig nach Hüscheid.

77 Der Pattscheider Bahnhof
Die Uhr tickt

Außerhalb von Ausflugszeiten ist die blanke Piste meist frei von Skatern und Nordic-Walking-Kolonnen. Dann erreicht auf der sich stets sanft abwärts neigenden Strecke des Panorama-Radwegs »Balkantrasse« aus Richtung Wermelskirchen selbst ein Freizeitradfahrer ohne elektrischen Rückenwind locker 40 Stundenkilometer. Ans Bremsen denken hier nur Spielverderber. Dennoch gibt es entlang der ehemaligen Nebenlinie durchs Bergische einige Haltepunkte, die nicht nur für den detailverliebten Eisenbahnarchäologen reizvoll sind. Neben einem Häuschen zum Unterstellen laden am Pattscheider Bahnhof auch Überbleibsel eines Bahnsteiges ein, die Picknickdecke auszubreiten.

Der Radweg verläuft auf dem ehemaligen Streckengleis. Die Station aus dem Jahr 1902 will ein paar Meter über der Trasse erst entdeckt werden. Schon lange vor der Stilllegung der Strecke 1991 hatte der Bahnhof Pattscheid seine Glanzzeit hinter sich. Den Weg aus der Verwahrlosung zum heutigen schmucken Zustand verdankt das Gebäude einer ziemlich vorbildlichen Renovierung durch die Firma Illbruck, die das Gebäude 1998 erwarb. Heute betreibt das Folgeunternehmen »Illi & Compagnie« hier ein Konferenzzentrum. Die Normaluhr tickt nun wieder vorschriftsmäßig, und das Ausfahrtssignal darf, ins Grüne umgezogen, zumindest wieder Langsamfahrt anordnen.

Die Situation der Station an der Straße von Opladen nach Burscheid, fünf Meter über den Gleisen, stellte den Eisenbahnbetrieb zu Beginn des 20. Jahrhunderts vor Herausforderungen. Die Steigung hinauf zum Hausgleis war für Züge eine Kraftprobe. Also wurde auf dem Schienenareal auf zwei Ebenen gefahren und eine Fußgängerunterführung angelegt – ziemlich großer Bahnhof im damaligen Pattscheid. Wo heute auf der sanften Steigung des Streckengleises geradelt wird, hielten die Personenzüge. Das Hausgleis an der Station diente dem Güterverkehr.

Adresse Burscheider Straße 456, 51381 Leverkusen-Bergisch Neukirchen | **wupsi** Linien 239, 240, Haltestelle Pattscheid Bahnhof | **Tipp** In der Engelbertstraße 6 versteckt sich die für das Baujahr 1928 überraschend moderne Sankt-Engelbert-Kirche von Architekt Bernhard Rotterdam, der auch die Herz-Jesu-Kirche in Wiesdorf entwarf.

78_ Paulinchen

Ein Denkmal für eine Magd

Im Kittelschurz, mit Kopftuch, einem Stock in der Hand und ein mächtiges Rindvieh am Seil marschiert Pauline Pohnke, auch als Paulinchen bekannt, auf die Antoniuskirche zu. Entschlossen wie verschmitzt richtet sich der Blick der Kuhmagd Richtung Gotteshaus, als würde sie schon erwarten, dass Pfarrer Leo Verhülsdonk heraustritt und sie des »Weideplatzes« vor der Kirche verweist. Paulinchen scheint sich fast zu freuen, dem Würdenträger gleich ein paar deftige Worte an die fromme Stirn zu werfen. Auch von hinten betrachtet ergibt sich ein herrlich derbes Bild. Der Kuhschwanz hebt sich für einen freien Blick auf einen prächtigen Hintern. Künstler Kurt Arentz, selbst aus Wiesdorf, ist eine sprechende Bronzeplastik gelungen, die mit humorreichen, fast grotesken Zügen über ihre Figürlichkeit hinauswächst.

Ein halbes Leben, von 1957 von 2002, war Verhülsdonk Pfarrer in Sankt Antonius. Das Kirchenhaus wurde 1664 vollendet, zwei Jahre später stand der Turm. Während seiner Amtszeit konnte der Pfarrer das Treiben Paulinchens und ihrer Milchkühe wohl täglich betrachten. Von den Rheinwiesen in den Kämpen, wo sich heute der Neulandpark befindet, zogen sie durch die Straßen der Wiesdorfer Altstadt. Pauline, 1883 in Westpreußen geboren, kam 1907 mit Bruder Johann nach Wiesdorf. Beide suchten Arbeit im Bayerwerk und fanden zunächst eine Bleibe in der Kolonie am Kaiserplatz. Johann hielt es nicht lange in der Fabrik, er gründete eine einfache Viehwirtschaft unweit der Kirche, Pauline wurde Magd und ging nebenbei bei Bayer putzen.

Die letzten alten Wiesdorfer kennen noch die Streiche, die die Kinder mit Pauline und ihrem Vieh trieben. Hatten sie erst die Kühe in den Rhein getrieben, gab es zur Erbauung der Rotzlöffel unvergessliche Schimpftiraden – das Geben und Nehmen lief verlässlich und war trotz allen Ärgers von ebensolcher Zuneigung geprägt. Paulinchen starb 1980.

Adresse Kleine Kirchstraße, 51373 Leverkusen-Wiesdorf | **wupsi** Linie 208, Haltestelle Kaiserstraße | **Tipp** Vom Paulinchen und den Ruhebänken auf dem stillen Kirchhof ist rasch der Antoniussteg erreicht. Die schmale Rampe führt über den Minigolfplatz zu einem Aussichtsbalkon fast über den Rhein. Sehenswert ist auch das Gebäude des Bayer-Kanuclubs bei der Wacht am Rhein.

79_ Das Pfarramt Schlebusch
Sieh um dich

Der Kirchplatz im Herzen der Schlebuscher Fußgängerzone ist ein klarer Fall für ein 360-Grad-Panorama. Der freie Raum und die Beleuchtung der Fassaden lassen den unbewölkten Himmel über dem Ort im Abendlicht in einem tiefen Blau strahlen, das fast vermuten lässt, hinter der Kirche läge die See. Weitaus älter als das Gotteshaus mit dem Zwillingsturm ist das gegenüberliegende Pfarrhaus, das um 1830 im klassizistischen Stil errichtet wurde. Die hell und glatt verputzte Fassade wird vom Schmuck eines Dreiecksgiebels gekrönt. Die grünen Schlagläden und der Schiefer an der linken Giebelseite geben dem Haus die Trautheit eines Bergischen Heims, während der eiserne Staketenzaun mit Sandsteinpfosten, Pforte und Tor einen dem Pfarramt würdigen Abstand zur Straße verschafft. 1906 und 1959 drohte der Abriss eine Lücke in den Rundblick zu reißen, da eine ins Haus stehende Renovierung als zu aufwendig erachtet wurde. Glücklicherweise blieb das Pfarramt verschont.

Die neoromanische Sankt-Andreas-Kirche entstand erst zwischen 1888 und 1890. Die gestiegene Zahl der Gemeindemitglieder hatte einen Neubau erforderlich gemacht. Die Ähnlichkeit mit der Hitdorfer Stephanus-Kirche, die kurz zuvor eingeweiht wurde, ist kein Zufall. Die Kölner Architekten lehnten ihren Entwurf an den Bau des Gotteshauses über dem Rhein an.

1904 erhielt der Platz seine heutigen Züge. Rechts der Kirche wurde die Kaplanei erbaut und zur Linken das Sankt-Elisabeth-Krankenhaus. Nach dem Zweiten Weltkrieg platzte das Hospital aus allen Nähten. 1951 wurden 300 Wöchnerinnen und 1.400 Patienten aufgenommen, weitere 1.000 wurden ambulant behandelt. Es gab weder einen Aufzug noch Waschgelegenheiten auf den Zimmern. Ausschließlich Ordensschwestern waren zum harten Dienst im unzulänglichen Klösterchen bereit. Erst nach dem Neubau des städtischen Klinikums wurde 1958 der Krankenhausbetrieb im Schlebuscher Ortskern eingestellt.

Adresse Bergische Landstraße 51/An St. Andreas, 51375 Leverkusen-Schlebusch | **wupsi** Linien 208, 212, 213, 215, 217, 222, 225, 260, Haltestelle Schlebusch Post | **Tipp** In der Felix-von-Roll-Straße 7 steht das als Wohnhaus mit Stehbierhalle geplante Kleinod aus den 1950er Jahren. Leider ist die Kneipe samt der Zierde eines rankenden Lindenbaummotivs aus Stahlrohr längst verschwunden. Die schöne Kachelfassade und der ursprüngliche Charakter wurden durch ungeschickte Renovierung verhunzt.

80_ Pförtner 1

Mutti mit dem Henkelmann

Ein historisches Foto zeigt eine mittägliche Szene am Pförtner 1 um 1900: Mitten auf der Kölnerstraße, die heute die Friedrich-Ebert-Straße ist, ziehen drei Gestalten über die nasse Piste zum Horizont. Unter dürren blattlosen Bäumchen blickt ein Mann im Wintermantel unter seinem Hut ins Objektiv. Frauen sind mit Körben gekommen und blicken wartend zum Werkstor. Über ihren Röcken tragen sie Schürzen. Zu schnell für die Verschlusszeit der Kamera wischen Radfahrer und Hund in Richtung Bildrand. Unter dem Mauergesims neben dem Ziegelsteinflachbau hat sich ein graues Grüppchen gebildet, davor werden einem Buben unter der Traglast zweier Kannen die Arme lang. – Das Essen bekam Herr Vater im Henkelmann gebracht, einem blechernen, isolierenden Verpflegungstopf, in dem die Bestandteile der Mahlzeit übereinandergeschichtet transportiert werden konnten und dessen Deckel durch eine Federspange dicht gehalten wurde. Diese Erfindung hielt sich mindestens bis in die 50er Jahre und wurde erst allmählich von dem, noch heute gebräuchlichen, amerikanischen Kunststoffsystem abgelöst.

Der Pförtner 1 in seinem heutigen Erscheinungsbild wurde 1913 zeitgleich mit dem Verwaltungsgebäude Q26 und dem Kasino in der Kaiser-Wilhelm-Allee erbaut. Die Henkelmann-Ära war also lange noch nicht abgelaufen. Eigentlich war das ornamentreiche Gebäude mit den Sprossenfenstern, Torbögen, Giebeln und Erkern die Hauptfeuerwache, in der sich auch ein Werkseingang befand. Bis heute verrichten die Zeiger auf der goldenen Sonne unter dem Beobachtungsturm Schicht um Schicht verlässlich ihren Dienst. Ein automatisches Drehkreuz hat dem Pförtner hinter der Luke im Glaskasten längst die Kontrolle der Werksausweise abgenommen.

Nicht nur Freunden der Industriekultur empfiehlt sich ein spannender Vergleich mit der Feuerwache in Köln-Lindenthal, Gleueler Straße 223 bis 225, die ebenfalls ab 1913 errichtet wurde.

Adresse Friedrich-Ebert-Straße, 51373 Leverkusen-Wiesdorf | **wupsi** Linien 201, 217, 220, 221, 224, 225, 250, 251, 255, Haltestelle Chempark Tor 1 | **Tipp** In dem ehemaligen Gruppenwohnaus aus den frühen 1920er Jahren gegenüber dem Pförtner, links von der Philipp-Ott-Straße, existierte lange Zeit eine Henkelmann-Alternative: eine Filiale des Bayer-Kaufhauses. Geld für den Einkauf gab es in der Sparkasse nebenan.

81 Das Pförtnerhäuschen

Erholende Zuflucht

Jedes Jahr im Juni steigt in Schlebusch ein Volksfest, das auch den Wuppermannpark erzittern lässt. In der Grünanlage an der Dhünn wird zwischen schätzungsweise sechs Bierständen und noch mehr Imbissbuden eine Showbühne errichtet, auf der traditionell Slavko Avseniks »Original Oberkrainer« einen volkstümlichen Auftakt geben. Das Hauptprogramm wird meist von Coverbands oder Gruppen aus der Nachbarstadt Köln bestritten, die wie auch ihre Lieder alle irgendwie gleich klingen und es trotzdem schaffen, Massen zu bewegen. Es bleibt ein Geheimnis der Natur, wie es dem Park gelingt, sich binnen weniger Tage von den Strapazen zu erholen. Wenn im Hochsommer wieder Ruhe eingekehrt ist, lassen sich junge Eltern unter dem Steilhang an der Dhünn auf umgestürzten Baumstämmen in den ausgewaschenen Buchten nieder, legen Picknickdecken aus und waten mit ihrem Nachwuchs zu einer der steinigen, kleinen Inseln.

Der Park war einst nicht öffentlich. Bis 1950 schob noch ein Pförtner Dienst in dem Häuschen, das den Zugang zur Petersen-Villa bewachte, die später verfiel und in den 1970er Jahren abgerissen wurde. Petersen war ein Schwiegersohn des Industriellen Wuppermann, der seine Villa 1885 von der Familie Andreae erworben hatte. Unternehmer wie Andreae oder auch Peill hatten Gefallen am Dorf an der Dhünn als sommerliche Zuflucht gefunden. In der zweiten Hälfte des 19. Jahrhunderts ließen sie sich Landsitze im modischen Schweizer Landhausstil errichten und in deren Umgebung erbauliche Landschaftsgärten wie begehbare Gemälde mit Skulpturen, Stegen, Grotten, Teichen und Aussichtspunkten anlegen.

Bei einem Blick durch das Fenster ins Pförtnerhäuschen konnte man bis Anfang 2016 eine alte Druckmaschine entdecken, auf der das benachbarte Bestattungsinstitut die Trauerpost durch die Walzen laufen ließ – ein Abschiedsgruß aus dem Tor zum Garten, welch ein seltsam tröstendes Bild.

Adresse Bergische Landstraße 4, 51375 Leverkusen-Schlebusch | **wupsi** Linien 202, 207, 208, 222, 225, 260, Haltestelle Von-Diergardt-Straße | **Tipp** In Sichtweite jenseits der Dhünn liegt die Villa Peill. Gleich um die Ecke an der Mülheimer Straße trägt der Ziegelsteinbau den noch gut erhaltenen Schriftzug der »Restauration zur Erholung«. Hier tranken sich Generationen von Abiturienten des nahen Freiherr-vom-Stein-Gymnasiums um den Verstand.

82 Der Raiffeisenmarkt
Einkaufsparadies

Das Schöne an Raiffeisenmärkten ist, dass es dort nichts gibt, was niemand braucht. Das Besondere am Opladener Raiffeisenmarkt ist, dass es sich um einen außergewöhnlich stattlichen Umschlagplatz von Produkten rund um die Landwirtschaft handelt: Er ist Hauptgeschäftsstelle und Verwaltung der »Raiffeisen-Erzeugergenossenschaften Bergisch Land und Mark eG«.

Die Silos, die hinter dem Gelände des ehemaligen Bahnbetriebswerks Opladen in die Höhe ragen, sind unübersehbare Landmarken. Für die Pächter aus der Bahn-Landwirtschaft-Kleingartenanlage, die lange zwischen den Gleisen lag, muss der Erzeugergroßmarkt ein Einkaufsparadies gewesen sein. Die Spuren des Schrebergartenidylls sind durch Gleisverlegung und Neugestaltung des Areals völlig verwischt. Der Markt behauptet am Rande der Opladener Neustadt eindrucksvoll seine über 100-jährige Tradition nach der genossenschaftlichen Idee von Friedrich Wilhelm Raiffeisen.

Im April 1916 gründeten 27 Landwirte die KOG, Kreis-Obst-Gemüseverwertungsgenossenschaft, um kleinen Betrieben die Existenz zu sichern, und pachteten ein Grundstück von der Königlichen Eisenbahn zu Elberfeld. 1935 zog die Genossenschaft an ihren heutigen Standort. Der Handel vollzog sich zwischen Bauern und Großhändlern; die Versteigerungsuhr in der Auktionshalle blieb 1972 für immer stehen, das Geschäft öffnete sich zunehmend für Privatkunden. Neben dem Angebot an regionalen Lebensmitteln lässt das Sortiment den Selbstversorger jede Krise meistern: Brennstoffe, Erntebedarf bis zum Sensenblatt, Erde, Samen, Tierfutter sowie Zubehör für die Aufzucht von Rind, Schwein, Schaf, Hase und Huhn bilden die Grundlage. Bille und Zottel staunen über das Sortiment fürs Pferd. Weidezaun und Lammsauger sind hier Mitnahmeartikel. Für den kleinen Landwirt gibt's Mähdreschermodelle. Was im Baumarkt Utopie bleibt, ist hier Alltag: Hier kauft der Profi.

Adresse Robert-Koch-Straße 25–27, 51379 Leverkusen-Opladen | **wupsi** Linie 222, Haltestelle Robert-Koch-Straße | **Öffnungszeiten** Mo–Fr 8–18.30 Uhr, Sa 8–14 Uhr | **Tipp** Hinter dem Zaun an der Robert-Koch-Straße 30 liegt die leicht entrückte Miniaturwelt eines Verkehrskindergartens, offiziell Städtische Jugendverkehrsschule.

83 Die Reuschenberger Mühle

Kein Museum

Auf ihrem Weg von Köln nach Düsseldorf schießen die Züge des Intercity-Express über die niedrige Brücke, die den Obergraben an der Reuschenberger Mühle überspannt. Nur aufmerksame Reisende mit Aussicht in Fahrtrichtung links erhaschen für den Bruchteil einer Sekunde einen Blick auf das Mauerwerk der Reuschenberger Mühle, bevor die Bahn durch Weideland und über die Wupper zu den Vororten rauscht, in denen schon überwiegend Altbier ausgeschenkt wird.

Der flüchtige Eindruck von der imposanten Fassade dürfte nicht nur Liebhaber industrieller Architektur zu einer Rückkehr mit der S-Bahn bis zum Haltepunkt Küppersteg bewegen. Von dort aus sind es gut 15 Minuten Fußmarsch entlang der Bahnlinie bis zum Mühlenkomplex. Hinter einer Ponyweide erhebt sich in Ziegelstein das rare Beispiel eines Industriegebäudes im klassizistischen Stil aus dem Jahr 1847. Das Außengelände ist zugänglich, und wer die Begrüßung durch den neugierigen Werkstatthund nicht scheut, kann den Entdeckungsrundgang fortsetzen. Die Anlage schöpft ihren spröden Charme aus dem Eindruck, dass ihr alles Museale fehlt. Der kleine Betrieb im Vorbau mit dem grünen Tor empfängt den Besucher mit unprätentiösem Handwerk. Hinter dunklem Mauerwerk und hohen Fenstern mit Rundbögen sind schicke Agenturlofts gut getarnt.

In ihrer Anfangszeit diente die Mühle der Weizenverarbeitung und Ölgewinnung. Mit Turbinenantrieb und hydraulischem Pumpwerk war die Anlage Mitte des 19. Jahrhunderts fortschrittlich bestückt. Die Verbindung zum Kölner Verlagshaus DuMont Schauberg in Form einer Teilhaberschaft förderte nach 1880 den Wandel des Betriebes zur Rohstoffgewinnung für die Papierherstellung. Am Obergraben sammelt sich die Flut auch heute nicht aus musealen Gründen. Die Turbinen im Kraftwerk der Mühle laufen für die eigene Stromerzeugung weiter.

Adresse Alte Garten 60, 51371 Leverkusen-Bürrig | **wupsi** Linie 203, Haltestelle Erzberger Straße; VRS S 6 Bahnhof Küppersteg | **Tipp** Am Gut Reuschenberg hinter der Bahnlinie erfährt man auf einer Infotafel noch etwas über das gleichnamige ehemalige Schloss. Über den Wirtschaftsweg zum Friedhof geht es hinauf zu Frettchen, Luchs und Co im Wildpark: www.wildpark-lev.de.

84_ Der Rosa Bunker

Bunte Stadtmöbel können Sehgewohnheiten beeinträchtigen

Es gibt Irrtümer, die halten sich hartnäckig: Moll ist traurig, Dur ist lustig. Biologie ist gut, Chemie ist böse. Grau schafft Depressionen, Bunt macht den Menschen wieder froh. Farbgebung an historischen Gebäuden ist eine zwiespältige Sache: Zu viel farbige Tünche taucht die Fassade in unglaubwürdiges Licht wie eine angepinselte alte Fregatte. Das Antlitz der Architektur bekommt groteske Züge – kreisrunder Haarausfall unter blondierten Fusseln. Es wächst die Sehnsucht nach Grau, klassisch Braun-Grau.

Kann ein Bunker heiteres Stadtmöbel werden? Die Antwort in Form eines Kunstversuchs aus den 1980er Jahren steht am Rand eines Parkplatzes an der B 8. Ausblick auf Erheiterung bieten hier höchstens Flachmann und Feierabendbier aus der Pulle vor der »BIGABU«-Trinkhalle am Fuß des nicht mehr ganz so rosafarbenen Schutzkolosses. Wir lernen das 111. Farbgebot: Du sollst einen Bunker nicht bunt anmalen.

Mit der Initiative »LEV soll schöner werden« startete 1987 die zarte Bemalung des Bunkers, die dessen Massivität entmaterialisieren sollte. Ein Farbgestalt-Papst namens Garnier lieferte den Entwurf. Immerhin entstand eine Arbeitsbeschaffungsmaßnahme: Zwölf junge Arbeitsuchende in Obhut eines Meisters, Gesellen und Sozialarbeiters verwandelten den Bunker in eine Bonbonniere. Die Einwände des Farbbüro Garnier gegen die Idee, das Kriegsrelikt als Mahnmal zu betrachten, wirken heute konstruiert: »Wir wollen im Gegensatz dazu eine gewisse Freude ausdrücken, dass wir in einer Zeit leben, die solche Bauten nicht braucht.«

Zwei Fotografen hatten bereits 1980 einen wesentlich vitaleren Entwurf für den Bunkerbauch abgeliefert, der allerdings nicht umgesetzt werden konnte: Neun Bayerwerker mit Aktentasche, Mütze, Bart oder blonden Locken sollten auf einem 140-Quadratmeter-Foto ihren Kollegen an der Werkspforte entgegenschreiten.

Adresse Carl-Duisberg-Straße 319, 51373 Leverkusen-Wiesdorf | **wupsi** Linien 201, 217, 220, 221, 224, 225, 250, 251, 255, Haltestelle Chempark Tor 1 | **Tipp** Erst vor den Kiosk, dann ins Panorama-Restaurant des Smidt-Wohncenters in der Manforter Straße 10 – ansonsten ist es kaum zu ertragen.

85__Das rote Kreuz
Glaubenszeichen am Ortsrand

In weiten Bögen zieht sich die Wilmersdorfer Straße über den Ophovener Weiher von Steinbüchel nach Mathildenhof hinauf. Eine Berliner Baufirma hat mit den Straßennamen der Siedlung aus den späten 1950er Jahren ihre Spuren hinterlassen. In einem Flachbau an einem kleinen Platz an der Schöneberger Straße ist noch die Mathildenhof-Apotheke untergebracht. Von den Ruhebänken vor der für die Bauzeit typischen Geschäftszeile geht der Blick gegen das sogenannte rote Hochhaus, das tatsächlich einmal komplett rot gestrichen war. Nach der Renovierung der Fassade zeigen wenigstens die Balkone wieder das alte Bild.

Hinter der Wegkreuzung an der Straße Auf'm Berg, die vom ehemaligen Rittersitz Haus Steinbüchel aus wortwörtlich den Berg erklimmt, erinnert nichts mehr an Berlin. Hinter den Äckern entlang des Wirtschaftsweges An der Wasserkuhl beginnt das Bergische Land. Am Sportplatz lassen gelegentlich Modellbauer ihre Fluggeräte zwischen den hoffentlich letzten Ausläufern der Neubaugebiete kreisen. Leider haben die Motoballer ihren Spielbetrieb auf dem Feld vor einigen Jahren eingestellt. Von den Strapazen erholt hat sich die Wiese bis heute wenig.

Doch zurück in den Schatten des roten Hauses: Ein Ausgangspunkt für eine Wanderung über die ersten aussichtsreichen Anhöhen von Leverkusen befindet sich unmittelbar an der Siedlungsgrenze. Dort, wo es den Berg hinuntergeht, führen ein paar Treppenstufen hinter dichtem Buschwerk hinauf an den Ackerrand zu einem hölzernen tiefroten Flurkreuz, das Jesus arg gebeugt in seinem Leid zeigt. Wer an dem Wegkreuz in seinem prächtigen Blumenschmuck beten oder ausruhen möchte, dem sei ein Ausflug zu Christi Himmelfahrt empfohlen. Zur örtlichen Wallfahrt, die seit 1963 zu zehn Wegkreuzen in den umliegenden Dörfern führt, flechten die Steinbücheler Gemeindemitglieder ihrem Marterl einen besonders sonnigen Blütenkranz.

Adresse In der Wasserkuhl, 51377 Leverkusen-Steinbüchel | **wupsi** Linien 207, 231, Haltestelle Schöneberger Straße | **Tipp** In den knorrigen Bäumen auf den Äckern hinter den Hofgebäuden In der Lichtenburg fühlen sich seit einigen Jahren wieder Steinkäuze wohl. Wer nicht auf die Vögel warten möchte, kann ein paar Kaltblütern beim Stehen zuschauen.

86_ Die Roten Räder

Der Club der Pendler

In der Datei der Fahrradwerkstatt der Firma »Tectrion Instandhaltungslösungen« auf dem Gelände des Chemparks sind 12.200 Räder gespeichert. Das dürfte ein Großteil dieser Betriebsmittel sein, die es einmal gab oder noch gibt – jedenfalls ist dort jedes Fahrrad dokumentiert, das einmal aktenkundig wurde. Es gibt die Zustände »verschrottet«, »gestohlen«, »nicht auffindbar« und »aktiv«. Aktiv sind 6.700, die auf drei Werke verteilt sind. 4.700 Diensträder davon fahren in Leverkusen.

Trotz dieser imposanten Zahl sind die Nester mit den roten Rädern rund um den Chempark inzwischen spärlicher belegt als vor 40 Jahren. Neben den natürlichen Feinden des Einheitsrades – Individualrad und -verkehr – hat dem Bestand ein verändertes Nutzerverhalten zugesetzt. In den 1950er Jahren pendelten rund 11.000 Beschäftigte, ökologisch ihrer Zeit voraus, mit dem Rad zwischen Wohnung und Werk. Mit aufkommender Motorisierung bekam das Werksrad einen Arme-Schlucker-Touch, wenn es auch rotwangige, winterharte Strampler besser wussten: Fahrradfahrer sterben gesünder. Heute kommen die Räder verstärkt werksintern zum Einsatz. Dies war schon bis 1920 so. Damals war der Gebrauch außerhalb des Firmengeländes nur zu dienstlichen Anlässen gestattet. Ab 1921 war die Mitnahme von Privaträdern ins Werk sogar verboten. Als Bikes noch Veloziped hießen, waren Mannschaftsteile der Werksfeuerwehr die ersten Besitzer der Dienstfahrzeuge. Daher stammt wohl die Farbe Rot.

Das aktuelle Modell der Mannheimer Firma Schieber trägt den Schriftzug »Steel Worker« – Chemikant wär auch zu sperrig. Das Rad mit seinem schlanken Stahlrahmen liegt im Trend: Es ist ein Singlespeed mit Freilauf. Mehr als einen Gang gibt es nur auf Wunsch. Ein Liebhaber ist sicher der Besitzer des ältesten Rades im Bestand, einem »Miele« von 1937, das aus Sicherheitsgründen leider ohne Original-Bosch-Lichtanlage und Stempelbremse unterwegs ist.

Adresse Radnester befinden sich gegenüber dem Werkspförtner 1, Philipp-Ott-Straße, und am Tor 4 in der Peschstraße, 51373 Leverkusen-Wiesdorf | **wupsi** Linien 201, 250, 251, 255, Haltestelle Manforter Straße | **Tipp** Gerne lehnt man sein Rad bei der Trinkhalle in der Breidenbachstraße, Ecke Lichstraße an. Die Bude ist ein Original, in dem sicher schon eine Millionenauflage der BILD und ein Ozean von Ganser Kölsch durchs Schiebefenster gereicht worden ist.

87 ＿Die Ruhlach

Bestimmtes Idyll

Aus einem dunklen Kanalrohr unter dem mächtigen Bahndamm am Rennbaumplatz tritt der Wiembach ans Tageslicht. Es kann nur reizvoller werden, und so lockt der Spaziergang durch Leverkusens schmuckreichste Siedlung in Richtung der Wiembachallee. Einst zeigte ein Saum von hohen, schlanken Pappeln dem streng regulierten Wasserlauf den Weg in Richtung Wupper. Heute geben die Hainbuchen ein plumperes Bild ab. Der Bach plätschert dafür umso munterer durch sein renaturiertes Bett. Auf halbem Weg entlang des Ufers führt eine Fußgängerbrücke hinüber. Hier geht es rechts in die Prachtstraße der Siedlung, die Ruhlachstraße, die bis zum Burgplatz führt.

Die Siedlung Ruhlach wurde zwischen 1911 und 1925 auf einem freien Landstück am Ortsrand errichtet. Als geeigneter Architekt für dieses Vorhaben wurde Peter Klotzbach mit seinem Heimatschutzstil ausgewählt. Klotzbach hat während der Amtszeit des Landrates Lucas das architektonische Bild im Landkreis Opladen-Solingen maßgeblich geprägt. In der Ruhlach lief der Hase allerdings so, dass die Stadt die Grundstücke selbst erschloss und an die Bauherren verkaufte. Deren Pläne wurden dem Architekten zur Prüfung vorgelegt, wobei dieser von Verbesserung bis zum Gegenvorschlag einen gewissen Lenkungsspielraum erhielt. So zeigt sich bis heute eine typische Prägung dieser Gartensiedlung, die durch Varianten in Dekor und Form aufgelockert, hell und freundlich wirkt.

Strenge Ruhlachbestimmungen regelten Ruhe und Ordnung in Opladens Vorzeigeviertel: Die Eröffnung eines Ladens, einer Wirtschaft oder Trinkhalle waren undenkbar. Dafür bimmelten die Wagen der fahrenden Händler freudig und regelmäßig mit Milchprodukten, Gemüse und Backwaren durch die Siedlung. Am Ende der Straße An der Robertsburg ist der Ortsrand rasch erreicht. Über die Abkürzung durch die Kleingartenanlage Ruhlach zur Linken führt der Rundgang zurück zur Wiembachallee.

Adresse Rennbaumplatz, 51379 Leverkusen-Opladen | **wupsi** Linien 201, 206, 223, 231, 239, 240, 251, 253, 258, Haltestelle Rennbaumstraße | **Tipp** Am Rande der Ruhlach, Fürstenbergplatz 1, liegt die repräsentative Weskottsche Villa (1910) mit Portikus – ebenfalls vom Zeichenbrett Klotzbachs. Sein Rot-Kreuz-Haus (1929) in der Fürstenberg-straße 16 zeigt einen deutlich schlichteren Stil.

88__Salophen 22

Kleine Lok, großes Kreuz

Die kleine Lokomotive, die neben dem Pförtner 1 (siehe Seite 168) schräg durch das Gitter zur Schnellstraße blickt, heißt Salophen 22. Die Zugmaschinen, die auf dem Werksgelände manövrierten, waren nach Firmenmarken getauft und trugen Namen wie Aspirin oder AGFA. Salophen war ein Medikament gegen Migräne und Rheumatismus, das 1891 auf den Markt kam. Die niedliche Salophen 22 stromerte einst über das Schmalspurnetz des Fabrikgeländes. Die Dampfspeicherlokomotive stammt aus der Produktion Hohenzollernwerke in Düsseldorf und wurde 1917 ausgeliefert. Der feuerlose Antrieb der Maschine erlaubte die Nutzung in den sogenannten Ex-Betrieben, explosionsgefährdeten Bereichen, in denen offenes Licht oder das Entfachen von Glut strengstens untersagt war. Leider fehlt dem Denkmal die äußere Kesselverkleidung. Wobei der Begriff Kessel leicht irreführend ist, da es darin im engeren Sinne nichts zu kochen gab. Stattdessen zapfte die Lok die Kraftwerke der Fabrik an, um Hochdruckdampf für ihr Fortkommen aufzunehmen.

Einer der Energielieferanten für Lokomotiven wie Salophen 22 war das G-Kraftwerk, das 1925 fertiggestellt wurde. Das Maschinenhaus, seine Eingangshalle mit Marmorwänden und Deckenschmuck mit Art-déco-Anklängen zählen zu den Glanzlichtern der Industriearchitektur auf dem Werksgelände. Zwischen den beiden 126 Meter hohen Schornsteinen des Kraftwerks wurde das erste Bayer-Kreuz aus 2.200 Glühbirnen in einem riesigen Drahtnetz installiert. Der Aufsichtsratsvorsitzende Carl Duisberg schaltete die damals weltgrößte Leuchtreklame 1933 ein, die nachts in endlosem Zyklus erst den Ring und dann die Buchstaben illuminierte. Einen Tag vor Ausbruch des Zweiten Weltkrieges erlosch das erste Kreuz aufgrund erforderlicher Verdunkelungsmaßnahmen, 1944 wurde es demontiert. Mit 72 Metern Durchmesser war es ganze 21 Meter größer als das heutige Wahrzeichen mit seinen Leuchtdioden.

Adresse Friedrich-Ebert-Straße, 51373 Leverkusen-Wiesdorf | **wupsi** Linien 201, 217, 220, 221, 224, 225, 250, 251, 255, Haltestelle Chempark Tor 1 | **Tipp** Wer Industriebauten wie das G-Kraftwerk aus der Nähe betrachten und sich über die Geschichte des Chemparks informieren möchte, kann sich bei der Besucherbetreuung zu einer Busrundfahrt durch das Werksgelände anmelden; E-Mail: besucherbetreuung@chempark.de, Tel. 0214/3056025.

89 __Das Sängerheim

Männerchor Germania auf großer Fahrt

Seit über 111 Jahren gibt es den Männerchor Germania Opladen – eine Institution von nicht zu unterschätzender sozialer Bedeutung. Nur zwei Jahre hatten es elf sangesfreudige Mitarbeiter der Königlichen Eisenbahn-Hauptwerkstätte ohne ihre Musik ausgehalten, bis sie 1905 ihren Werkschor gründeten. Lange wurden die Räume der alten Kasinos auf dem Betriebsgelände für die Chorproben genutzt, bis der Verein in einem ehemaligen Schweinestall am südlichen Ende der Werkstättenstraße eine Bleibe fand. Der Stall stammte noch aus schlechten Zeiten, in denen Eigenversorgung lebensnotwendig war. In Eigeninitiative bauten die Chorbrüder die Behausung zu einem Sängerheim aus, das seit 1995 auch als Begegnungsstätte dient. Dachorganisation des eigenständigen Vereins ist die »Stiftung Bahn-Sozialwerk«.

Vor dem Sängerheim steht auf einem Gleisstück ein grüner, dreiachsiger Bauzugwagen unter einem funktionstüchtigen Signal, das Fahrt anzeigt, sobald im Waggon das Bier läuft. In Chormitglied Kurt Faust hat der Verein seinen Waggonmeister gefunden, der für den ordnungsgemäßen Zustand des Fahrzeugs verantwortlich ist. Das Abteil ist ganz in Vereinsfarben und mit allerlei Bahnutensilien zu einem Gastraum ausgebaut, der für kleinere Feiern mit bis zu 25 Personen angemietet werden kann.

Nicht nur die Lieder des Männerchores gingen um die Welt: Die Verbindung von Wohlfahrt und Arbeitsfreude beeindruckte wohl auch 1908 die Generaldirektion der Anatolischen Eisenbahn, die um Pläne der Werksanlage bat. Neben der Technik wurden die sozialen Einrichtungen wie Badeanstalt und Kaffeeküchen hoch gelobt. In Opladen kritisierten Revisoren hingegen, dass Einfachheit wohl eher am Platze gewesen wäre: Die kostspielige Ausstattung von Badehaus und Speisesaal mit Kleiderhaken aus Messing, Marmorbecken und bunten Glasfenstern hielten sie für reichlich übertrieben. Am Gesang hatten sie nichts auszusetzen.

Adresse Werkstättenstraße 42, 51379 Leverkusen-Opladen | **wupsi** Linie 206, Haltestelle Kesselhaus | **Öffnungszeiten** Chorproben: Fr 15 – 16.30 Uhr, interessierte Sänger sind eingeladen | **Tipp** Ganz passend, ziemlich versteckt und verwunschen liegen in einem Gleisdreieck unter der Trasse der Fixheider Straße die Anlagen des Eisenbahn Sportvereins Schwarz Weiß Opladen von 1928; Robert-Blum-Straße 80.

90_Die Sankt-Stephanus-Schule

Der Bilderbuchbrunnen

Rufe schallen durch das Schultreppenhaus, kleine Hände gleiten das Geländer hinab, Zöpfe fliegen, die Schulkinder heißen Ilse oder Karl und tragen lederne Ranzen auf dem Rücken. Bevor sie endlich hinaus in die Sonne und an den Fluss stürmen, bildet sich am Brunnen noch ein Tumult. Ein karierter Hemdsärmel taucht ins Wasser, und Gerti kehrt flennend mit nassen Zöpfen heim.

Die Schritte durch das Portal der Sankt-Stephanus-Grundschule führen über eine imaginäre Zeitgrenze: Durch die farbigen Ornamente in den Fensterscheiben dringt vom Hof ein warmer Schein in die Vorhalle, der den Brunnen unter dem Treppengeländer in ein zauberhaftes Licht taucht. Wie ein kleiner Thron hockt das Becken mit seinem blauen Fliesenspiegel auf zwei Absätzen über dem Fußboden. Die Szenerie im Treppenhaus wirkt entrückt, als wäre sie soeben einer vergessenen Bilderbuchgeschichte entsprungen, von der man gern für einen Moment in den Mauernischen auf den grünen Steinplatten träumen würde, bis die Pausenklingel die Klassen wieder auf die Flure ruft. Leider plätschert der Brunnen nicht mehr. Das Maul des freundlichen Frosches bleibt trocken. Das liebevolle Detail des Wasserhahns ist kein Original, sondern wurde erst vor kurzer Zeit von Eltern eines Schulkindes gefertigt und gestiftet.

Die Lehrerschaft ist stolz auf ihre schöne Schule, die auch von außen mit ihrer zierreichen Fassade aus Oldenburger Klinker etwas hermacht. Ergriffenheit überkam schon 1927 einen Augenzeugen bei der Einweihung der Volksschule, den die Chronik des Bergischen Hafens zitiert:»Nun steht der Bau, eine Zierde für die Gemeinde, ein Segen für die Jugend … ein Schmuckkästchen, mit einfachen Mitteln erbaut, nicht luxuriös, aber doch stilvoll … nachdem die Weihe vollzogen war, begab man sich in die Turnhalle, empfangen von den Klängen des Wagner'schen Festmarsches.«

Adresse Lohrstraße 85, 51371 Leverkusen-Hitdorf | wupsi Linien 233, 244, 253, Halte-
stelle Parkstraße | Tipp Links vom Schuleingang ist das Felsingsche Turnerkreuz in die
Wand der Sporthalle gemauert. An der Fassade des rechten Schultraktes steckt eine
rätselhafte Sonnenuhr neueren Datums – ein Kunstwerk, das zu seiner Zeit vielleicht
missverstanden und mehrheitlich mit wenig Wohlwollen angenommen wurde.

91 Die Schiffsbrücke

Recht und Freiheit … und Einigkeit

Die Chronik der Schiffsbrücke liest sich wie eine Liste der Widerspenstigkeiten, deren Höhepunkt der Wegfall der eigentlichen Geschäftsgrundlage der Brücke darstellt: die Verlegung des Flusses. Mitte der 1970er Jahre musste die Mündung der Wupper wegen einer Deponieerweiterung flussabwärts wandern. Was der Brücke blieb, war ein launisch gefluteter Restarm und die Beliebtheit eines urigen Ausflugsziels.

Der Rheinschiffer Heinrich Gless erwarb in den 1920er Jahren die Rechte für die Überquerung der Mündung. Die Erhebung des Brückenzolls war bis 1938 eine gute Einnahmequelle. Für zahlreiche Arbeiter war es der kürzeste Weg über die Wupper zum Bayerwerk. Die Überquerung mit dem Fahrrad kostete immerhin 10 Pfennig. Damit war Schluss, nachdem die Stadt den Brückenzoll durch einen Zuschuss ablöste. Nach seiner Rückkehr aus der Kriegsgefangenschaft stand Gless vor einem Scherbenhaufen: Die Anlage wurde vor Kriegsende gesprengt. Ein neuer Steg auf Eisenpontons hielt bis zu einem Hochwasser 1956. Gless hatte wohl genug von der Zerstörung, als er zwei Plattbodenschiffe erwarb, die stabilere Tragpfeiler bilden sollten und die er »Einigkeit« und »Freiheit« taufte. Das »Recht« musste warten, bis sich 1967 ein Aalschokker mit Namenspatenschaft dazugesellte. Auf der Schiffsbrücke richtete Gless die Schänke »Zur Wuppermündung« ein und servierte als Herrengedeck Hitdorfer Pils aus der Flasche und ein Gläschen Nixenblut. Heinrich Gless starb 1974.

Brand, Zerstörung, Untergang und unklare Eigentumsverhältnisse hätten in den 1990er Jahren beinahe das Ende des einmaligen Bauwerks bedeutet, das zu einem Bild des Grauens verkommen war. Die Mühen des Fördervereins, dem der Wiederaufbau zu verdanken ist, hätten hürdenreicher nicht sein können. Nur die »Einigkeit« wartet heute noch in Duisburg auf die Rückkehr zu dem Ensemble, das an die Bullerbü-Atmosphäre vergessener Kinderfilme denken lässt.

Adresse Rheinuferweg 100, 51373 Leverkusen-Rheindorf | **wupsi** Linien 207, 210, 211, 221, 233, Haltestelle Feldtorstraße | **Tipp** Soldat mit Stahlhelm und Mantel, entschlossen zum Handgranatenwurf, 1938, Basaltlava – die martialische Kriegerplastik über der Wupper an der Rheindorfer Unterstraße steht unter Denkmalschutz und als Pilgerstätte von Nazis oder Ziel von Sachbeschädigern immer wieder im Mittelpunkt der Kritik.

92 Schlebuschrath

Selige Kamerunschafe

Den Flecken hinter dem Bahndamm kennen selbst viele Einheimische nicht. Die Zufahrt nach Schlebuschrath führt im Gegenverkehr durch einen schmalen Eisenbahntunnel. Zweieinhalb Kleingartenanlagen, zwei Plätze für Hundeerziehung, die Sportanlagen des SSV Alkenrath, ein unbefestigtes Sträßchen, das auf einer Seite von Ziegel- und Fachwerkhäuschen gesäumt wird, liegen dahingewürfelt zwischen Bahndamm, Fluss und Feld.

Ein Kreuz zwischen Büschen auf einer Anhöhe erinnert an eine Kirche, die bis 1828 hier stand, und an die damit verbundene Legende des seligen Gezelinus, einem Laienbruder am Zisterzienserkloster zu Altenberg, dem angeblich auf dem Abteigut Alkenrath der Dienst des Schafhirten übertragen wurde. Unweit von hier, an der Gezelinkapelle (siehe Seite 96), wird ihm ein kleines Wunder zugesprochen, das er mit Fürbitte und Hirtenstab vollbracht haben soll. Ausgrabungen aus den 1970er Jahren wiesen eine kleine rechteckige Kirche aus dem 12. Jahrhundert nach, deren Nachfolgekirche St. Andreas in Schlebusch ist. Gezelinus soll vor seinem Tod um 1150 den Wunsch geäußert haben, unter der Dachtraufe des Kirchleins beerdigt zu werden. Historische Dokumente über den Laienbruder sind nicht überliefert.

Rund 870 Jahre später ruft täglich so ab 16 Uhr ein wundersames Bild die Legende in Erinnerung: Eine kleine Schafherde kommt von den Kleingärten am Hang hinter dem Sportplatz gerannt, um auf der Wiese am Holzkreuz zu grasen, beaufsichtigt von Dieter Donath und seiner Möchtegern-Schäferhündin Foxterrier Fanny. Spaziergänger mit Kindern sollten nun Extrazeit einrechnen. Bei den hübschen wie robusten Tieren mit kastanienbraunem Fell und eleganter Bauchzeichnung handelt es sich um Kamerunschafe. »Ich bin Hobby-Schäfer, mein Garten gehört zu keinem Verein, sonst dürfte ich das da nicht machen«, erzählt Donath und stößt seinen Hirtenstab in die Erde.

Adresse Schlebuschrath 29, 51377 Leverkusen-Alkenrath | **wupsi** Linien 202, 209, 214, 217, Haltestelle Graf-Galen-Platz | **Tipp** Zwischen den Häusern und dem Sportplatz führt das unbefestigte Sträßchen bis zu einer Bahnschranke unter einer Tankstelle, dessen Besitzer auf Dach und Hof eine Show installiert hat: Hubschrauber und Antonov-Doppeldecker machen den Mehrpreis des Markensprits wett.

93__ Schönes und Nützliches

Ein Himmel voller Leuchten

1969 wurde ein Einkaufszentrum eröffnet, die Stadtmitte hieß fortab City und der Bauabschnitt City C. Und dabei blieb's, ein anderer Name hat sich bis heute nicht durchgesetzt. Woolworth, Wehmeyer C&A & Co. hielten sich ein paar Jahre, so richtig spannend war's hier nie. Das italienische Restaurant in der ersten Etage gibt es lange nicht mehr. Fenster einer Kneipenruine starren auf die Stadtautobahn, Models prosten mit fancy Drinks von einer Clubfassade. Hinter Asiashop und Teppichladen wird es schummrig. Nur ein paar Schritte weiter, und aus einem ehemaligen Spielzeugladen dringt der Schein einer vergangenen Welt. Peter Hartmann-Virnich betreibt hier mit seiner Frau Birgit und Kompagnon Nikolaus Lückerath ein Geschäft mit gebrauchten Dingen.

In einer dichten wie thematisch wohlsortierten Sammlung von Geschirr, Möbeln, Kinderspielsachen und Schmuck finden sich Gegenstände, die es eigentlich nicht mehr gibt: Fußwippstuhl, Püreepresse, eine Thekenleuchte von Ganser – Leverkusener Kölsch, ausgesoffen, unerhältlich. Das Sortiment ist breit, tief, aber nicht beliebig. »Was wir nicht verkaufen können, nehmen wir nicht. Wir sammeln nicht, wir handeln«, sind sich die Partner einig. »Jedes Objekt erzählt, vermittelt Charme und Lebensgefühl. Die Weiterverwertung und die Geschichten treiben uns an.«

Unter der Ladendecke hängt Virnichs Himmel: Seine Liebe zu Lampen kann er schwer verbergen. Mittels eines Hakenstabes zieht er an den Schalterstrippen und bringt seine Sterne zum Funkeln. Was aus den verschiedenen Epochen des elektrischen Lichts nicht hier oben glüht, wartet im Keller auf Erleuchtung. Die Zeitreise hilft bei der stilvollen Einrichtung: Die Birne an der Decke muss weder langweilig, grässlich noch sündhaft teuer umkleidet sein. Der Schirm aus der südfranzösischen Tanzbar der 1920er Jahre geht an die Postdoktorandin mit Hang zum Josephine-Baker-Bananentanz.

Adresse Friedrich-Ebert-Straße 33b, 51373 Leverkusen-Wiesdorf | **wupsi** Linien 201, 203, 204, 208, 209, 210, 211, 212, 214, 217, 220, 227, 233, 250, 255, Haltestelle Bahnhof Leverkusen-Mitte, Busbahnhof | **Öffnungszeiten** Mo–Fr 11–18 Uhr, Sa 11–16 Uhr | **Tipp** Hinter dem abgetakelten City-C-Frachter, dessen Kommandobrücke noch von der Sparkasse bevölkert wird, sorgt der historische Bau der ehemaligen evangelischen Knaben- und Mädchenschule am Siebelplatz, in der die städtische Musikschule untergebracht ist, das für Leverkusen charakteristische Kontrastprogramm.

94_Der Skulpturenpark
Nackt und wild

Der Großteil der 18 Skulpturen im Park des Museums Morsbroich versammelt sich im inneren Kreis des Schlossgrabens. Das lebhafteste Objekt sprudelt gleich auf dem Vorplatz: »Water Island« ist ein begehbarer Brunnen, dessen Fontänen den Kunstentdecker für kurze Zeit komplett umschließen und von der Außenwelt trennen – besonders für Kinder ein spielerisches Vergnügen. Die ehrenamtlichen Mitarbeiterinnen des Ladens in den Remisen am Museumstor haben sich für die Verwirklichung des sehr zugänglichen Werkes engagiert.

Ein Eisentor auf der Brücke hinter dem Schloss öffnet den Weg in den entrückteren Teil des Parks. Steinplatten führen über den Zufluss der Kaskade, die den Graben speist, zu einem Trampelpfad um einen verwunschenen Teich, an dessen Ufer sich schnell die tiefe Sehnsucht nach einer romantischen Eislaufpartie einstellt. Durch den lichteren Teil des Geländes leitet ein zweiter Rundweg zu zwei Skulpturen ohne Titel, einem stählernen Dreiklang und den weiblichen Genien, die sich umwuchert neben dem Zaun verstecken. Arnold d'Altri hat sie 1949 aus Zement gegossen. Die flüchtig dynamische wie gebrochene Akt-Plastik ohne Arme und Beine scheint in den Brombeeren ihre Bestimmung wiedergefunden zu haben. In der römischen Mythologie waren Genien gute Naturgeister männlichen Geschlechts, die diesem die Zeugungsfähigkeit verliehen. Ranken bitte behutsam zurückschneiden!

Hier endet der Spaziergang vor einem Warnschild, das ein Piktogramm eines tanzenden Männchens mit einem Ast auf dem Kopf zeigt: Den eingezäunten Bereich bitte nicht betreten. Hier sollen drei mächtige Naturdenkmäler in Ruhe alt werden, denen schon die Motorsäge drohte. Mindestens 200 Jahre haben Rotbuche, Blutbuche und die ahornblättrige Platane auf dem Buckel. Pilzbefall hat vor allem der Blutbuche zugesetzt und ihren Stamm ausgehöhlt, sodass Astbrüche befürchtet werden.

Adresse Gustav-Heinemann-Straße 80, 51377 Leverkusen-Alkenrath | **wupsi** Linien 212, 214, Haltestelle Museum Morsbroich | **Tipp** Nichts ist naheliegender, als im Schatten der Remisen im Biergarten des Restaurants stilvoll am Weinglas zu nippen. Lustiger ist aber das Kontrastprogramm in Wolfgang Schades Alkenrather Institution, dem grundsoliden Imbiss »Grillmeister« mit einem ziemlich umfangreichen Speiseangebot; Alkenrather Straße 11.

95 __Die Stadtgrenzschänke
Über die Grenze gepinkelt

Über eine schnurgerade Bahntrasse durch ein Waldstück zwischen Dünnwald und Schlebusch nähert sich die Linie 4 der Kölner Verkehrsbetriebe entlang der B 51 ihrer Endhaltestelle an der Leverkusener Stadtgrenze. Ohne sie zu überqueren, pendeln die Züge wieder zurück. Sie möchten das Ortsschild nicht passieren. Ein paar Meter entfernt auf der anderen Straßenseite liegt eine letzte Bastion, die an eine Zollstation erinnert.

Die Rollläden des Flachbaus, der fast auf dem Gelände der angrenzenden Autowerkstatt zu stehen scheint, sind seit Januar 2016 endlich wieder hochgezogen. Wer hier sein Pferd anbindet, bleibt nicht mehr durstig: Wirt Kevin Cahn hat sich der putzigen Wirtschaft angenommen. Das letzte Lied schien auf einem Sommerfest 2015 gesungen. Der Traum von der Wiederholung finaler Jubelszenen im kleinen Biergarten, wie beim Rudelgucken zur Fußball-WM 2014, schien für eine Weile ausgeträumt: Danach war die Stadtgrenzschänke dicht. Solche Handtuchkneipen bleiben vom Aussterben bedroht: Rauchverbot, horrende Gebühren für Kicker-Bezahlfernsehen und eine überschaubare Gästekapazität stellen den Kneipier vor Herausforderungen. Flipper, elektronische Dartscheibe und Daddelautomat dudeln gern das letzte Halali.

Das freundliche Licht hinter dem gläsernen Schiebefenster mit der Durchreiche zur Bundesstraße lädt die Heimkehrer nun wieder zum Verbleiben ein, während die Straßenbahnen endlos pendeln und der Mechaniker vor dem Werkstatttor hantiert. Unter die Gäste mischt sich bestimmt noch der ein oder andere Stehbierhallen-Veteran, der gerne von den Zeiten vor 1975 berichtet: Das war vor der Gebietsreform. Tankstelle und Werkstatt waren schon Köln, die Kneipe Niemandsland. Die Grenze durchschnitt den Gastraum. Und wer's glaubt, lässt sich aufbinden, dass die Jungs in Köln und die Mädchen in Leverkusen pinkelten. Herr Cahn ohne K, werden Sie bitte der Grenzschänken-Titan!

Adresse Mülheimer Straße 140, 51375 Leverkusen-Schlebusch | **wupsi** Linien 202, 215, 260, Schlebusch Stadtbahn | **Öffnungszeiten** täglich 10 Uhr bis der letzte Gast geht | **Tipp** Der Nittumer Weg gegenüber der Tränke führt zwischen Straßenbahn und Waldsiedlung an den Rand eines ausgedehnten Wegenetzes zwischen Schildgen, Katterbach und Dünnwald. Dort liegt Am Jungholz ein Sportfeld im Wald.

96__Die Stadtrundfahrt
Todsicher Kaffee und Kuchen

Kann eine Stadtrundfahrt ein Ort sein? Die Busfahrt des Vereins »Leverkusen, ein starkes Stück Rheinland e.V.« findet von März bis Oktober unregelmäßig samstags statt, startet am Opladener sowie Wiesdorfer Busbahnhof und dauert vier Stunden! Das ist ziemlich lang für eine angeblich langweilige Stadt. Das Ticket kostet 15 oder 18 Euro. Das macht einen sehr lohnenden Stundentarif. Durch die Dreingabe eines Stadtführers wird das Angebot unschlagbar. Gemütlich tourt der komfortable Reisebus entlang mehr oder weniger bekannter Orte, von denen die meisten der Teilnehmer schon einmal gehört haben sollten: Im Regelfall ziehen Leverkusener den Fahrschein. Folglich garniert der Fachmoderator seine Spezialitäten auch für Halbwissende mit frischen Zutaten.

Jede Rundfahrt widmet sich zudem einem Schwerpunkt wie Eisenbahn, Sport, Orgel, Wasserturm, Park oder Museum. Deshalb kann es vorkommen, dass sich nach vier Stunden die Frage stellt: Wo war denn jetzt Bürrig, wo Alkenrath? Das Schöne ist, dass sich die Route ändert und die Stadtrundfahrt sich so mehrmals lohnt.

Die ewige Konstante – und hier wird es ein Ort – ist die Pause: Der Bus hält vor dem Café Curtius in der Waldsiedlung, Leverkusens Knusperhäuschenviertel, unter dem das Grundwasser leider durch die Hinterlassenschaften einer Sprengstofffabrik kontaminiert ist. Wie ein frisch zusammengeklebtes Häuschen aus einer Modelleisenbahnanlage strahlt die Konditorei mit dem geschwungenen Schriftzug. Im gelben Licht hinter den Fenstern werden die Passagiere zu Modellfigürchen, während der freundliche Fahrer entspannt an seinem Bus lehnt und erzählt, dass das Curtius wegen der Nähe zum Friedhof Scherfenbrand unter Eingeweihten auch Café zur letzten Träne genannt wird.

Der Kuchen ist klasse, eine Tasse ganz normaler Kaffee auch. Wann sonst liegt Hans Joachim Curtius' Traditionscafé so nahe – Danke, Stadtrundfahrt.

Adresse Busbahnhof, 51379 Leverkusen-Opladen oder 51373 Wiesdorf | **wupsi** fast alle Linien in alle Himmelsrichtungen | **Öffnungszeiten** Termine unter www.vereinlev.de | **Tipp** Einmal in der Waldsiedlung, sollte man den Busfahrer bitten, seine Fahrt durch die Haydnstraße fortzusetzen. Dort kann mit Hausnummer 29, leider nur von außen, eine erheiternde architektonische Kapriole besichtigt werden, die an ein Schlumpfhaus erinnert.

97_Das Verwaltungsgebäude
Der letzte Wurf

Zwischen den ehemaligen Gebäuden des Walzwerks Wuppermann und der Bahnlinie stehen zwei Piloten mit Fernsteuerung vor dem Bauch im verdorrten Gras und lassen Hubschrauber über die Brache jagen. In einer Parkbucht am Straßenrand ist ein verwitterter Wohnwagen abgestellt, vor dem zwei Lastzüge auf die Weiterfahrt am nächsten Tag warten. Die riesigen Hallen, die zur Eisenbahn gelegen dunkel aus dem Feld ragen, scheinen verlassen. Tiefer hinten im Gelände zum Fluss führen schmale Straßen um freie Grundstücke und an einem Büroneubau weiter zu Betriebsgebäuden, in denen sich wieder eine Firma niedergelassen hat, die etwas mit Stahl zu tun hat. Die depa ist auf die Herstellung von Bauteilen für Krane spezialisiert. Die Ausleger, die auf dem Werksgelände bewegt werden, haben mit bis zu 100 Metern Länge beeindruckende Maße.

Das gesamte Areal gehörte zu Wuppermann, bis das Werk 1986, damals erst kurz im vollständigen Besitz der Krupp Stahl AG, während der Stahlkrise stillgelegt wurde. An das depa-Gelände grenzt das ehemalige Verwaltungsgebäude der Firma Theodor Wuppermann. Der fünfgeschossige Stahlbetonskelettbau mit Klinkerausfachung ist ein Spätwerk des Architekten Wilhelm Fähler, das besonders für die konsequente Fortentwicklung seines Stils steht. An der Westseite des Gebäudekomplexes befindet sich ein weiterer zweigeschossiger Trakt, zu dem eine durchgehende Lagerhalle mit einer Kranbahn angelegt war.

Die Fertigstellung des Baus erlebte Fähler nicht mehr. Er starb 1953 an den Folgen eines Autounfalls. Seine Tochter Ruth übernahm umgehend die Geschäfte des Architekturbüros und die Projektleitung beim Verwaltungsgebäude. Die Manforter Friedhofskapelle von 1917, die ihr Vater entwarf, liegt nur eineinhalb Kilometer entfernt. Zwischen den Bauten spannt sich aber eine Epoche, in der Fählers Schaffen Leverkusen in die architektonische Moderne führte.

Adresse Hemmelrather Weg 203, 51377 Leverkusen-Manfort | **wupsi** Linien 212, 214, 222, Haltestelle Finanzamt | **Tipp** Die echten Wuppermänner haben nebenan in der Siedlung um die Theodor-, Friedrich-, Helenen-, Luisenstraße und im Mathildenweg gewohnt. Die Straßen sind ganz im Industriellenstil nach Familienmitgliedern des Patriarchen benannt.

98 __ Die Villa Rhodius

Sommersitz in Schlebusch

Die Villa des Fabrikanten Christoph Andreae III von 1855 hinter der Dhünnbrücke ist mit ihrem damals modischen Schweizer Landhausstil alltäglicher Blickfang an der unteren Mülheimer Straße. Ein weiterer Sommersitz am anderen Ende des Ortes geht ebenfalls auf die Tradition der Mülheimer Unternehmerfamilie zurück, steht jedoch nicht so im Mittelpunkt des Geschehens wie das ältere Pendant. Von der Bergischen Landstraße ist die Villa Rhodius kaum zu sehen. Kurz bevor man den Kreisverkehr aus Richtung Schildgen passiert, sieht man den Neorenaissancebau mit seinem Türmchen verwunschen aus dem Nebel über dem Feld steigen. Der Weg direkt zur Villa führt durch die Einfahrt an den Büros der Caritas auf das öffentlich zugängliche Gelände der Stiftung »Gute Hand«. Zwischen den Gebäuden der Jugendhilfeeinrichtung verliert die Villa Rhodius kaum etwas von ihrem zauberhaften Reiz. Über dem gelben Mauerwerk mit Eckquadern aus rotem Klinker erheben sich steile Schieferdächer, Fachwerkgiebel und der Turm, der dem Gebäude seine verwunschene Note gibt.

Ein Christoph Andreae, Samtbandfabrikant in Köln, kaufte 1701 ein Gut in Schlebusch, um es als Sommersitz zu nutzen. Christoph Andreae II. ließ 1798 an der Odenthaler Straße ein Weberhaus mit Wohnungen und vier Fabrikzimmern bauen. Der Großteil der Produktion in Schlebusch wurde jedoch um 1853 an rund 120 Webstühlen in Heimarbeit erledigt. In der Erbfolge und durch Heirat gelang das Gut über Generationen in den Besitz der Familie Rhodius, die ihre Villa ab 1870 errichten ließ. Nach Leerstand und Beschlagnahmung durch die Gemeinde richteten die »Schwestern vom armen Kinde Jesu« dort 1926 das Kinderheim »Haus Nazareth« ein.

Die versteckten Wege über das Gelände der Stiftung führen rückwärtig zur Dhünn, wo die Schlebuscher Unternehmer ehemals ihre Sehnsucht beim Wandel durch ihre romantisch gestalteten Landschaftsgärten zu befriedigen suchten.

Adresse Bergische Landstraße 82a, 51375 Leverkusen-Schlebusch | **wupsi** Linien 208, 212, 213, 215, 217, 222, 225, 260, Haltestelle Schlebusch Post | **Tipp** Noch eine Villa: Auch die Familie Kuhlen war im Textilgeschäft tätig. Schmuck und neobarock herausgeputzt, verschönert ihr Wohnhaus von 1898 (Bergische Landstraße 68) die Schlebuscher Fußgängerzone gegenüber dem Spielautomatengeschäft im historischen Zuccalmaglio-Haus.

99__Die Villa Römer

Trag' nichts hinein, trag' nichts hinaus

Seine Färberlehre hatte er nur ungern angetreten. Nach Jahren harter Arbeit kam er als Meister nach Opladen und tätigte 1865 vom Ersparten den risikoreichen Kauf eines Grundstücks an der Wupper, auf dem er eine Türkischrot-Färberei errichtete. Albert Römer war Unternehmer geworden und wohnte, bis zu seinem Umzug in ein bescheidenes Haus an der Fabrik, in einem Gasthof an der Düsseldorfer Straße zur Miete. Römer hatte Geschick wie Glück und brachte es mit seiner Firma zu Vermögen, nicht ohne einen Teil davon zum Zweck der Wohlfahrt zu investieren und sich in der politischen Öffentlichkeit fortschrittlich zu engagieren. Sohn Max wurde 1877 Prokurist und zehn Jahre später Teilhaber der »Färberei Albert Römer Opladen und Leichlingen«. Ganz typisch für einen Fabrikanten der zweiten Generation erfüllten er und seine Frau sich den Wunsch nach einer Residenz abseits der Fabrik. 1905 ließ er auf dem Frankenberg eine Villa mit Fachwerkteilen, Türmchen, Balkonen und Erkern errichten. Auch innen wurde nicht geknausert: Salon, Billardzimmer, Wintergarten, viel massives Holz, Parkett sowie Marmor erster Güte und Vergoldungen gehörten zur standesgemäßen Einrichtung.

Bei allem Gehabe, das die Villa nach innen und außen verkörperte, zeigte der junge Römer eine gewisse Nähe zur Linken, die von führenden Köpfen im Reich gern als ein Haufen vaterlandsloser Gesellen hingestellt wurde. Die Opladener Wirtsleute hatten keine Lust auf Versammlungen der Partei und verschlossen ihr die Türen zu ihren Sälen. Römer gewährte den Zutritt und die Ansprache auf einem seiner Grundstücke. Wenn ein Opladener Sozialdemokrat den letzten Zug nach einer Versammlung verpasst hatte, sandte der Automobilliebhaber den Chauffeur mit dem Benz ins Bergische. Der wartete in der Garage des sogenannten Kutscherhauses an der Düsseldorfer Straße. In der Villa Römer befindet sich heute das »Haus der Stadtgeschichte«.

Adresse Haus-Vorster-Straße 6, 51379 Leverkusen-Opladen | **wupsi** Linien 202, 244, Haltestelle Villa Römer | **Öffnungszeiten** Sa 15–18 Uhr, So 11–16 Uhr | **Tipp** Schräg gegenüber der Villa Römer ist im ehemaligen Landratsamt von 1914 das Stadtarchiv untergebracht. Ein Besuch empfiehlt sich nicht nur zur Akteneinsicht, sondern auch wegen der in vielen Details bauzeitlich erhaltenen Innenausstattung. Max Römer stiftete den Brunnen vor dem Haus und widmete ihn dem Freiherrn vom Stein.

100__ Der Von-Diergardt-See

Leverkusens Riviera

Dass der Sandstrand des Von-Diergardt-Sees auf Kölner Stadtgebiet liegt, schert die Leverkusener wenig. Seit jeher pilgern sie an sonnigen Tagen, mit Wassersport- und Picknick-Vollausrüstung bepackt, entlang ihres Knochenbergweges an der Bahnschranke zu ihrer Côte d'Azur. Tatsächlich schimmert der Baggersee bei gutem Wetter in verlockenden blaugrünen Farbtönen. Der Kiefernwald spannt einen lichten Schirm über dem sandigen Heideboden. Die Wasserqualität bleibt auch bei längeren Dürreperioden erstaunlich gut, und wer nicht gerade im Hochsommer an einem Sonntagnachmittag anrauscht, findet noch genügend Platz.

Das Ufer des Sees fällt steil ab, doch wenigstens im näheren Uferbereich muss nicht aufrecht gelegen werden. Unter einem Sonnenschirm auf Höhe der Wasserfläche ist das Rauschen des nahen Zugverkehrs kaum noch zu vernehmen. Lautlos kreisen die Segelflieger vom Flugplatz Kurtekotten durch den Himmel, bis ein Doppeldecker seine Kapriolen an die blaue Decke röhrt. Oma raucht, Mutti pumpt das Schlauchboot auf, Vati köpft das zweite Kölsch. Mesut, Chiara und Natascha dürfen mit Weingummischlangen spielen. Der Lautsprecher eines Miniradios kräht Sabine Töpperwiens Bundesligakonferenzminute aus Mönchengladbach über den Sand. In der Ferne ziehen zwei Triathleten in Neopren ihre Bahnen. Am Hang des Ostufers unter dem Haidweg haben die Nackten ihre Nischenplätzchen gefunden.

Wer etwas Abwechslung vom Stranddasein sucht, kann über dem südwestlichen Uferzipfel in den Wald spazieren und erreicht bald eine idyllische Furt über den Mutzbach. Wo der Weg die Bahnlinie tangiert, rückt hinter Äckern wieder Kölner Randgebiet in Sicht. Seitdem die Siedlung »Am Weißen Mönch« sich in die grüne Pufferzone gefressen hat, ist es am See etwas belebter geworden. Den Leverkusener schert das nicht, wenn er zu den Supermärkten in der Stixchesstraße zieht, um seine Grillreserven aufzufüllen.

Adresse Knochenbergsweg, Haidweg, 51377 Leverkusen-Manfort | **wupsi** Linien 207, 208, 224, 225, Haltestelle Stixchesstraße (zum See circa 20 Minuten Fußweg) | **Tipp** Dem Haidweg über dem Ostufer in den Wald folgend, gelangt man kurz vor dem Ende der Schneise an den Gleisen zu einem Abzweig nach links, der zu einem bezaubernden Waldhäuschen an einem unbeschrankten Bahnübergang aus uralten Zeiten führt.

101___W1

Das Hochhaus

Das mit einer Eisenkante umfriedete, mit Flechten, Heidekraut und Gräsern begrünte Rechteck ist aus der Vogelperspektive gut zu erkennen. Ein Spazierweg schneidet die Fläche und tangiert ein Funktionsgebäude mit der Bezeichnung »W1«. Das alte W1, das einmal auf dem Rechteck stand, war seit 1963 mit 122,12 Metern das höchste Bürogebäude Europas und ein Leverkusener Wahrzeichen. Die Bayer AG wollte zwischen Köln, Düsseldorf, Rhein und Bergischem Land eine städtebauliche Dominante setzen. Aus Platzgründen und zur Demonstration unternehmerischer Kraft entschied sich die Konzernleitung für den markanten, himmelstrebenden Entwurf. Das Hochhaus fiel hell, elegant und zeitgemäß schlicht aus: Zwischen schlanken, mit silbernen Aluminiumprofilen verkleideten Stahlstützen und den grauen Sprossen leuchteten Brüstungen aus Polycolorglas.

Die Einrichtung deklinierte konsequent den Stil der 1960er Jahre durch: Die Sitzgruppen waren mit der Kunstfaser Dralon bezogen, die in den Direktionsräumen in der Veloursvariante ausfiel. Die Fußböden waren aus Dralontwist, und im Speisesaal wurde auf Makrolon-Geschirr angerichtet, aus dem auch die Chips für die Essensausgabe geprägt waren. 2002 wurde ausgezogen, 2012 abgetragen.

W11, die neue Konzernzentrale gleich neben dem Rechteck, wurde schon 2002 fertiggestellt. Der Rundbau symbolisiert neben Offenheit und Transparenz mit seiner bescheidenen Höhe von 15,5 Metern ein weniger hierarchisches Führungsprinzip. In der dennoch beeindruckenden Eingangshalle, deren Fassade von sichtbaren Stahlfedern gehalten wird, spiegelt sich die Front des historischen Verwaltungsgebäudes Q26, das nach 1903 errichtet wurde. Der Zeitgeist des ehemaligen Pharma-Verwaltungsgebäude Q30 von 1939 blickt etwas abseits und finster auf die Allee.

So geschichtsträchtig und komponiert das Ensemble heute auch wirken mag, die knapp 50 Jahre auf dem Rechteck kann man durchaus vermissen.

Adresse W11, Kaiser-Wilhelm-Allee 1, 51373 Leverkusen-Wiesdorf | **wupsi** Linien 201, 217, 220, 221, 224, 225, 251, 255, Haltestelle Chempark Kasino | **Tipp** Es lohnt noch einmal der nähere Blick auf die Details der neuen Konzernzentrale und des alten Direktionsgebäudes Q26, hier zum Beispiel die Türklinke des Portals mit dem Bayer-Kreuz.

102_Das Waldhaus Römer

Es gibt wieder Tee

Die Familie Römer, Inhaber der Römer'schen Türkischrot-Färberei, hatte sich um ihre Fabrikanlage über dem Ufer der Wupper ein standesgemäßes Anwesen errichtet: eine Villa (siehe Seite 206), ein Haus im Park, ein Gebäude für Bedienstete und ein Gewächshaus. Max Römer, Sohn des Firmengründers Albert Römer, leitete seit 1896 die Geschäfte. Ihm und seiner Frau Antonie fehlte noch eine Art Jagd- oder Teehaus in der Sammlung, und so ließen sie sich vom Architekten Peter Klotzbach ein Fachwerkgebäude planen, das 1915 fertiggestellt wurde. Klotzbach, dessen Heimatschutzstil zahlreiche Opladener Denkmäler prägt, bediente sich gern der Motive der Bauweise im Bergischen Land. Bauherren und Architekt haben ihr Andenken, umrankt von Blumen, in den Giebel des Gebäudes schnitzen lassen. Spiegelbildlich um den Südteil erweitert wurde der Trakt erst 1960.

Die Römers hatten nicht lange Freude an ihrem Refugium. 1923 zog sich Max aus dem Geschäft zurück, er starb 1925. Bis das Waldhaus wieder zu einer gastlichen Station auf einem Streifzug entlang der Wupper wurde, sollte es eine wechselvolle Geschichte durchleben. 1933 wurde Römers Villa am Frankenberg Opladens Rathaus. Das Waldhaus gelangte in städtischen Besitz. Ein Schäfer durfte es ab 1943 nutzen. Er baute Schuppen sowie Ställe an und richtete sich Küche und Schlafzimmer ein. Nach dem Krieg zogen verschiedene Mieter ein, bis das Häuschen ohne Strom- und Wasseranschluss am zugemüllten Wupperarm unbewohnbar wurde. Ab 1958 nutzte Opladens Vogelschutzverein das Gebäude. In den 1970er Jahren erwog das Amt kurz die Nutzung als Quarantänestation für pockenverdächtig Erkrankte. Pocken gab es da aber praktisch nicht mehr.

Das Waldhaus wurde erst 2007 mit der Eröffnung des »Café Irrlicht« aus dem Dornröschenschlaf erweckt. Heute firmiert die hübsche Gastronomie wieder unter dem ursprünglichen Namen »Waldhaus Römer«.

Adresse Düsseldorfer Straße 90, 51379 Leverkusen-Opladen (im Wald) | **wupsi**
Linien 202, 231, 232, 250, 253, 255, Haltestelle Wupperbrücke | **Öffnungszeiten** Di–Sa
12–18 Uhr, So und Feiertage 9.30–18 Uhr | **Tipp** Flussaufwärts hinter einem Tunnelloch
erreicht man in Leichlingen den Hülser Busch mit dem Hülserhof. Dort, hinter einer
weiteren Eisenbahnunterführung, liegt rechts der Hülser Acker, an dessen südlichem Rand
auf einem sehr verwilderten Pfad das Wupperufer erkundet werden kann.

103 Der Wasserturm-Winzling

Genossenschaftlich versorgt

Hinter dem gekalkten Trakt an der Burscheider Straße, in dem bis 1975 das Rathaus von Bergisch Neukirchen untergebracht war, rollen unter der Aufsicht eines Jugendpflegers ein paar gut isolierte Erstklässler über den Beton einer winzigen Skaterfläche. Das Größenverhältnis stimmt, denn der Wasserturm, der sich vor dem Gerätehaus der Freiwilligen Feuerwehr über ihnen erhebt, ist ein Winzling. Er bildet hier einen historisch bedeutsamen Gegensatz zu seinem großen Bruder am anderen Ende der Stadt – dem markanten EVL-Turm in Bürrig.

Schnell ist der drollige Turm der Feuerwehr zugeschrieben. Mit der hat er eigentlich nichts zu tun, aber bis zu seiner Stilllegung belieferte er die Feuerwehr, die auch nur mit Wasser löscht, über das Leitungsnetz und die Hydranten – wie er auch die Versorgung der Bürger des Ortes sicherstellte. Von seinem Aussichtspunkt drückte er das Wasser in die Häuser, die bis Imbach in südwestlicher Richtung liegen. In den 1970er Jahren wurde der Kupferkessel des Wasserbehälters demontiert und das Wertmetall versilbert.

Ende des 19. Jahrhunderts waren die Gemeinden, die zu Bergisch Neukirchen zählen, noch ohne Wassernetz. Die Menschen gingen zum Pötzen an den Pötz. So wurden in der Region die überdachten Brunnenschächte genannt, in die Blecheimer über Kurbel und Kette gesenkt wurden. Ab 1896 gründeten die Bürger der Ortschaften Romberg, Pattscheid, Hüscheid, Atzlenbach und Imbach Wasservereine und schlossen sich zu einer Genossenschaft zusammen, um den Kauf und die Installation von Pumpen, Leitungen und Wassertürmen zu finanzieren. Ende der 1960er Jahre wurde das Netz an Übergabepunkten an die städtische Wasserversorgung angeschlossen, blieb aber bis heute in Obhut der Genossenschaft, die das Wasser mittlerweile sogar billiger liefert als der kommunale Betrieb.

Adresse Atzlenbacher Straße 8, 51381 Leverkusen–Bergisch Neukirchen | **wupsi** Linien 239, 240, Haltestelle Hüscheid | **Tipp** Oberhalb des Sumpfgebietes des Oberöl-bachtals liegt in der Sackgasse Oberölbach hinter dem Tunnel ein denkmalgeschütztes Fachwerkhaus an einem Angelteich namens Herthasee. Bachaufwärts auf dem Weg zurück zur Burscheider Straße liegt zur Rechten ein weiterer Landwirtschaftsbetrieb mit einem sehr sehenswerten geziegelten Gutsgebäude.

104 Die Wehranlage
Insel in der Dhünn

Ein breiter Weg führt entlang der Obstbaumwiese vor einen still-
gelegten Graben und zu einem Aussichtspunkt über der Dhünn.
Von hier aus reicht der Blick zum Leimbacher Berg und rechts neben den Äckern vor Hummelsheim auf die betonierte Rampe der
Wehranlage, die einmal das Werk im Freudenthal mit Wasserkraft
versorgte.

Seit ungefähr 1780 wurde hier Wasser zu einem Hammer abge-
zweigt. Als 1852 ein Hochwasser die Anlage und Teile der Fabrik
ruinierte, erwarb Sensenfabrikant Carl Kuhlmann auf der rechten
Dhünnseite ein Grundstück und errichtete nach einigen Rechtsstrei-
tigkeiten mit den Nachbarn ein solideres Bauwerk. 1891 durchbrach
bei einem Eisgang die Wehrkrone. In der Folge wurde die Stauan-
lage neu gebaut, die Stauhöhe durch einen Bolzen gesichert und ein
Deich zum Schutz der Grundstücke um Schlebusch angelegt. Die
Unternehmer-Familien auf ihren Landsitzen in der Nachbarschaft
fühlten sich durch den Tanz der Hämmer in ihrer Ruhe gestört und
erwirkten 1907 eine behördliche Anordnung, dass das Werk in den
Sommermonaten zumindest nachts zu schweigen hatte. Der Obergraben musste jährlich vom Schlamm befreit werden, und bevor die
Fabrikation im Herbst wieder anlief, war die Belegschaft abgestellt,
den Zufluss zu reinigen. Die Ablagerungen wurden in die Loren eines Uferbähnchens geschaufelt und als Dünger auf der Obstbaumwiese verteilt.

Die Wehranlage ist heute von einem Zaun umgeben. Der Zutritt
ist verboten. Über zwei angekettete Baumstämme kann jedoch auf
die Insel zwischen Abzweig und Fluss balanciert werden, sodass man
bald an der Rampe steht, über die lange das Wasser abwärtsrauschte.
Die Dhünn verläuft hier heute barrierefrei, sodass die Fische flussaufwärts wandern können. Der lauschige Platz unter der Eiche am
Steg war ein bei den ortsansässigen Jugendlichen beliebter Ort für
ein Treffen zu einem heimlichen Bier.

Adresse Hammerweg / Am Schlag, 51375 Leverkusen-Schlebusch | **wupsi** Linien 202, 207, 208, 222, 225, 260, Haltestelle Von-Diergardt-Straße | **Tipp** Weiter flussaufwärts führt eine idyllische Wanderroute am Hang entlang und weiter geradeaus bis zu einem Hohlweg, der nach rechts abbiegt. Nach links ist hinter den Äckern bald wieder die Dhünn und über eine Brücke in Hummelsheim das letzte Örtchen vor der Leverkusener Stadtgrenze erreicht.

105__Das Werksparkhaus
Deck 5: der beste Blick aufs Bayer-Kreuz

Die Annäherung an ein Wahrzeichen erfolgt idealerweise auf Augenhöhe. Seit ein Stück des Bayer-Werksgeländes ohne das Passieren eines Pförtners möglich ist und im Gebäude K 48 ein flinker Aufzug zum Parkdeck 5 summt, hat Leverkusen einen geheimen Aussichtspunkt mehr. Näher ist dem Leuchtdiodenkranz des Signets kaum zu kommen. Von hier bieten die Dimensionen der wuselnden und schmauchenden Kulisse, in der das Bayer-Kreuz die Hauptrolle spielt, ein stimmungsreiches Industriespektakel.

Im Osten blitzt vor dem Höhenzug des Bergischen Landes das goldene Ziffernblatt am Turm des Pförtner 1 (siehe Seite 168) im Sonnenlicht. An einem klaren Tag sind in der Ferne das Schloss Bensberg und der mächtige Hochhauskomplex rechts daneben gut zu erkennen. Unter dem Parkhaus verzweigt sich nach Norden und Westen ein dichtes Rohrgeflecht zwischen den Produktionsstätten, die den Blick auf den Strom nicht freigeben wollen. Lautlos schiebt sich mit blinkendem Warnlicht ein Firmenfahrzeug über die Werksstraße entlang des Zauns. Ab und zu stapft ein Männchen unter einem Schutzhelm von einem Ausgang zur nächsten Tür. Am Rande des Parkplatzes, der zur Kaiser-Wilhelm-Allee gelegen ist, spiegelt sich das Licht in der Glasfassade des Wissenschaftlichen Hauptlaboratoriums. Die Aussicht auf die Industriedenkmäler im zugänglichen Teil des Geländes machen Lust auf einen Rundgang zu den Höhepunkten des Ensembles um die Freifläche.

Vor dem Hauptlaboratorium (Q 18) symbolisieren zwei Statuen neben den Flügeltüren am Eingang Schöpferkraft. In den Industrielofts von K 17 widmet sich eine Tochter des Bertelsmann-Konzerns der Medienproduktion. Im Ziegelbau E 1 managt heute die Currenta die Geschäfte ihrer Betriebsareale in Leverkusen, Dormagen, Uerdingen. Das Schmuckstück am Platz, das nur einen Steinwurf vom Parkhauskreisel entfernt liegt, wurde 1914 als Lehrwerkstatt errichtet.

Adresse Kaiser-Wilhelm-Allee, 51373 Leverkusen-Wiesdorf; Zufahrt hinter Gebäude K12/K13 (ehemaliges AGFA-Gebäude) | **wupsi** Linien 201, 217, 220, 221, 224, 225, 251, 255, Haltestelle Chempark Kasino | **Öffnungszeiten** öffentlich zugänglich, Parken nur für Werksangehörige mit Ausweis, beachten Sie bitte, dass Sie sich auf Privatgelände befinden | **Tipp** Gleich hinter dem Kasino an der Allee bietet sich ein stilles Kontrast-programm zum Werksblick. Um den Floratempel mit der Grabstätte Carl Duisbergs lädt ein weitläufiger Park zum Flanieren und Innehalten ein.

106 Das Widerstandsdenkmal
Bleibende Erinnerung

Der Höhenunterschied scheint für die kleinen Tiere beachtlich, doch die Wasserschildkröten, die auf den Zementfüßen des Widerstandsdenkmals im Alkenrather Weiher ihr Sonnenbad nehmen, sind keine Attrappen und haben es tatsächlich auf ihre Klippe geschafft. Den Beweis liefern die Exemplare mit der leuchtend roten Zeichnung, die bis ans Auslaufgitter an der Uferzone paddeln und sich dort den Spaziergängern als winterharte Attraktion präsentieren.

Wo sich der Discounterparkplatz in den Hang frisst, befanden sich einst neben einem Bayer-Kaufhaus mit angebauter Kneipe ein gepflasterter Querweg, ein Rondell mit Ruhebänken und eine Wiese, über die Kinder mit ihren Holzschlitten und Pudelmützen endlos Richtung See rodeln konnten. In Wintern, die zu bleiben schienen, wurde die Eisfläche zur willkommenen Verlängerung der Piste und Schauplatz von Zusammenstößen von Schlittenjungs und Eislaufprinzessinnen in weißen Kunstlederstiefeln. Im Kinderabenteuer der 1960er Jahre stand die kühn ins Wasser stechende Chrom-Nickel-Stahl-Konstruktion im Zentrum des Wintertreibens und bot oft genug Halt auf dem Eis. Die älteren Schulkinder wussten vielleicht schon, dass die Plastik etwas mit einer erst kürzlich vergangenen Zeit zu tun hatte und die Straßen ihrer Siedlung Namen von Menschen trugen, die wegen ihrer politischen Überzeugung im Dritten Reich umgebracht wurden.

Der Berliner Bildhauer Hans Uhlmann, selbst Gegner des Nationalsozialismus, war von 1933 bis 1935 in Haft. Seine abstrakte Umsetzung des Wortes Widerstand schärft seit 1958 mit ihrer polarisierenden Dynamik den Sinn beim Blick über das Wasser. Der Stadtteil wuchs gerade aus dem Kindergartenalter heraus und schloss eine Lücke zwischen kriechenden Dörfern und dem Zentrum. Mit dem Denkmal in dem aufgestauten Bachlauf erhielt Alkenrath einen Mittelpunkt, um den die Siedlungsgrenze zwischen Wohnblocks und Reihenhäuschen mit Garten fast verschwimmt.

Adresse Alkenrather Straße 20, 51377 Leverkusen-Alkenrath | **wupsi** Linien 202, 209, 214, 217, Haltestelle Graf-Galen-Platz | **Tipp** Um die beiden Teiche kann in einer weitläufigen Acht eine Zeitreise in die 1950er Jahre gestartet werden, bei der folgende Höhepunkte nicht ausgelassen werden sollten: katholische Kirche am Marktplatz, Marktplatztoiletten, Ladenzeile gegenüber dem Marktplatz, Altenheim in der Geschwister-Scholl-Straße, Schulen in der Maria-Terwiel- und Brüder-Bonhoeffer-Straße.

107___Die Wupperbrücke

Mit herabfallenden Schmutzpartikeln ist zu rechnen

Auf der Wanderung von Opladen nach Leichlingen beginnt hinter dem Häuschen an der Weggabelung in der Alten Ruhlach der Dschungel. Der Wirtschaftsweg senkt sich im Bogen zu einer Brückenkonstruktion aus Stahlfachwerk. Ab hier verläuft die Stadtgrenze zu Leichlingen in der Wuppermitte. Der Weg in der Flussschleife führt durch ein Wäldchen und zu einem schmaleren Pfad ans Ufer, wo eine Wiese den Blick auf eine zweite, mächtigere Eisenträgerbrücke öffnet. Die Hänge über der Wupper werden hier steiler und höher. So nah der kleinstädtischen Opladener Geschäftigkeit überrascht die Szenerie im Tal mit Dramatik. Besonders wenn die Personenzüge durch das Gerüst dröhnen.

Der Fluss – noch vor 30 Jahren eine schwarze, stinkende Suppe – rauscht längst wieder klar unter der Eisenbahn über die Steine. Durch das Grün am Ufer zeigt sich ein Brückenbild, das etwas von Westernromantik hat. Ein Fußgängersteg unter den Gleisen führt auf die Leichlinger Seite. Den Luxus der Überdachung verdankt er der Gefährdung durch herabfallendes Zeug. Wahrscheinlich stammt er noch aus der Zeit, als Zugtoiletten per Klappe ins Freie entleert wurden. Ein Aufenthalt unter der roten Brücke hat seinen Reiz: Stahlfachwerk, Profile und Gleise werfen in der grünen Talenge ein kunstvolles Schattenspiel auf die Gemäuer und ins Wasser. Wer kletterfest ist, kann sich auf den Stümpfen der Brückenpfeiler ausruhen, die den Steg tragen. Sie waren einst das Fundament der östlichen Steinbogenbrücke, die bis zur Zerstörung im Zweiten Weltkrieg über die Wupper reichte.

Auch die erste, westliche Brücke war aus Steinbögen errichtet und wurde bei Kriegsende von der Wehrmacht gesprengt. 1946 wurde die Notbrücke an dieser Stelle von einer Hochwasserflut unterspült – zu plötzlich für einen nahenden, schwer beladenen Güterzug. Das Ausmaß des Unglücks bleibt zwischen den Wänden an den Uferhängen bis heute greifbar.

Adresse Lucasweg, 51379 Leverkusen-Opladen | **wupsi** Linie 223, Haltestelle Franz-Esser-Straße | **Tipp** Im Schatten der Brücke gähnt das schaurige Heckelsloch. Ein paar Meter weiter führt der Lucasweg auf die Imbacher Höhe. Die eigentliche Attraktion des Landcafés »Flocke« ist der rege Betrieb der Pferdepension auf dem zugehörigen Hofgelände, Imbacher Weg 116.

108_ Der Wuppermann-Pavillon

Ausgestempelt

Der Uhr auf einem Mast fehlen die Zeiger. Die großflächigen Segmente der ovalen Glasfront auf dem Ziegelsockel schneiden das Verwaltungsgebäude im Hintergrund in Teile. In dem Pavillon unter dem ausladenden Dach scheint der Pförtner mit seiner Dienstkappe seinen Arbeitsplatz eben erst verlassen zu haben. Der kehrt allerdings schon seit 1986 nicht mehr zurück.

Um die Auftragsbücher soll es im Walzwerk Theodor Wuppermann gar nicht so übel bestellt gewesen sein. Umso verständnisloser und wütender äußerte sich der Protest der Arbeiter »nach 100 Jahren Mühen und Plagen«, wie auf einem der Demonstrationsschilder zu lesen war, die die Männer an Holzlatten über die Helme reckten. Erst 1985 war das Familienunternehmen ganz in der Krupp Stahl AG aufgegangen, die in der Stahlkrise das Werk im Jahr darauf dichtmachte. Die ehemaligen Wuppermänner aus der Siedlung gegenüber haben das alte Bild noch vor Augen: Im Nieselregen huschen Gestalten mit Hut und Staubmantel über das Pflaster zum Pavillondach – ein paar Meter im Trockenen, ein Gruß, ein flüchtiger Blick, dann geht es zur Maloche oder ins Kontor. In der Aktentasche sind natürlich keine Akten, sondern Thermoskanne, Zeitung und Butterbrot. Auf dem Parkplatz starren Ponton-Mercedes, Ford Taunus, Opel Rekord und ein paar Käfer müde aus ihren rundlichen Gesichtern.

Heute rauscht manchmal noch ein Ausbildungsleiter im Coupé vorbei. In einem Trakt hinter dem weiten Hof fördert das Wuppermann Bildungswerk die Qualifizierung in Berufen der Metall- und Elektroindustrie sowie Wirtschaft und Verwaltung. Seit Anfang 2016 scheint wieder ein gemütliches Licht in dem hübschen Pavillon, und er kann nun auch von innen bewundert werden. Im »Mariola's Campus«-Café wärmt an einem kalten, trüben Arbeitstag ein Kaffee oder selbst gemachter Eintopf.

Adresse Hemmelrather Weg 203, 51377 Leverkusen-Manfort | **wupsi** Linien 212, 214, 222, Haltestelle Finanzamt | **Öffnungszeiten** Mariolas Campus-Café: tagsüber | **Tipp** Über die Friedrichstraße führt der Weg zur Gustav-Heinemann-Straße. Dort entstanden in unmittelbarer Nähe zum Eingang des Walzwerks Wohnhäuser für leitende Angestellte: Das Doppelhaus Nummer 55/57 des Kölner Architekten Philipp Ziesel ist von 1912. 1922 wurden die Reihenhäuser Nummer 59 bis 63 nach Entwürfen von Fähler und seinem Kollegen Fritz Ris errichtet.

109_ Die Zaungastbank
Tackling oder Tiebreak?

Schräg gegenüber der überdachten Holzbrücke über die Dhünn führt eine schmale Gasse an einen Winkel zwischen Zaungeflecht. Dort, wo das Spalier am höchsten ist, hockt in einer Nische zwischen Sportanlagen eine verwitterte Bank aus Holzstämmen unter dichtem Laubdach. Da der Ruheplatz über keine Rückenlehne verfügt, handelt es sich um einen 360-Grad-Logensitz, der je nach Spielstand, Spannung und Unterhaltungswert die Wahl zwischen Tennis und Fußball lässt. Der Eintritt ist frei. Tribünenbier gibt es in »Anitas Kaffeebud« an der Morsbroicher Straße, wo sich oft schon recht früh am Nachmittag Rennrad-Veteranen des Teams Anita von ihrer Runde durchs Bergische entspannen.

Zurück auf der Bank zwischen den Zäunen erklingt die Melodie eines perfekten Sportnachmittags: Über den Außenplatz-Terrassen der Tennisgemeinschaft Leverkusen von 1971 doppelt sich endlos das Ploppen, Stöhnen und Fegen durch den Ziegelmehlbelag. Das Fußballfeld des Sportplatzes »Im Bühl« wird von den Mannschaften des »SV Schlebusch 1923 e.V.« in ihren gelben Hemden, schwarzen Hosen und gelben Stutzen bespielt; das Tanzen des Balles gibt den Rhythmus vor, in den sich die Rufe der Spieler und taktische Ansagen des Trainers mischen – an Großkampftagen der Bezirksliga unterstützt von einem ansehnlichen Chor aus Anhängern auf den Stufen der Ränge. Dann gibt es auch auf dem Platz Wurst und Bier!

Seit 1959 spielt der SV Schlebusch »Im Bühl«. Zuvor geriet der Spielbetrieb des Clubs wiederholt in die überregionale Presse, da vom provisorischen Platz an der Auermühle immer wieder Bälle in der Dhünn landeten und davonschwammen. »Zäune machen schon Sinn«, erinnert sich Bankbesetzer Peter Meier, ehemaliger Jugendspieler bei Schlebusch. »Wir haben gerne mal einen Ball verzogen, um einen Blick über die Mauer der benachbarten ›Winkel Sauna‹ zu werfen, nur um die Nackten anzustarren.«

Adresse zwischen den Häusern Von-Diergardt-Straße 69 und 71 führt der Weg zwischen die Plätze, 51375 Leverkusen-Schlebusch | **wupsi** Linien 209, 210, 211, 215, 217, 224, Haltestelle Museum/Karl-Carstens-Ring | **Tipp** Die elegante Innenarchitektur mit den weißen Mauern lädt zu Saunakultur im frühen Seventies-Design ein. Im Garten lockt der blaue Pool. Die klassische Sauna ist die einzige ihrer Art in Leverkusen, wenn nicht in der Region, Winkel Sauna, Von-Diergardt-Straße 25C.

110 Das Zentral Antiquariat

Hund unter Philosophie

Der Hund heißt Miszek oder Mischek, die Schreibweise ist unklar, ebenso ob und in welcher Sprache es Bärchen bedeutet. Ihm ist es egal, solange er im Sommer vor dem Antiquariat dösen kann. In den kalten Jahreszeiten schläft er am liebsten unter der Philosophie, dort fühlt er sich am wohlsten.

Diplom-Bibliothekarin Christine Weihermüller-Curylo ist 1979 nach Leverkusen gezogen. Sie mischte bei der Gründung des legendären TT Embargo auf der unteren Wiesdorfer Hauptstraße mit. Dort trafen sich bei Flaschenbier, zu Kulturhappenings und Konzerten Menschen, die nach links bis anarchisch oder gegen alles tendierten, autonom halt. 1989 startete Christine Weihermüller ihr Projekt Antiquariat in einer Garage in der Lichstraße mit Aussicht zum Pförtner 4, die immer fortwährende Geschäftigkeit und das hypnotisierende nächtliche Lichterspiel hinter den Fabrikmauern des Bayerwerkes im Blick. Bald kam eine zweite Garage dazu. »Die Leute, die zu mir kamen, waren was Besonderes: Sie waren nicht nur politisch oder nur künstlerisch – sie waren beides, phantasievoller. Die Verbindung zu den Menschen hier kam über die Bücher«, blickt Weihermüller zurück.

Ist die Lichstraße schön? Wenn der Passant den Blick von den Büchern heben kann, bestimmt. Die Antiquarin wollte keinesfalls hier weg. Das Umzugsgespenst bereitete ihr schlaflose Nächte. 1995 fand sie zwei Häuser weiter eine Bleibe, bis heute. Während sie entlang neu eingetroffener Bücherkisten durch die Regalschläuche leitet, erklärt Weihermüller: »Die Lichstraße ist die außergewöhnlichste Straße der Stadt. Es gibt eine Buchbinder- und eine Rahmenwerkstatt, einen Nachtclub, einen Eiswagen, Ilonas Altstadthotel und einen Laden mit Gewürzen und Perücken. Mein Bestand? Über 80.000.« Die Türglocke schellt, und ein Zufallskunde kommt hereingeschlufft. Er sucht nach etwas aus seinem Spezialgebiet: Waffen. Ob er wohl fündig wird?

Adresse Lichstraße 26, 51373 Leverkusen-Wiesdorf | **wupsi** Linien 201, 250, 251, 255, Haltestelle Manforter Straße | **Öffnungszeiten** Mo – Fr 10 – 18.30 Uhr, Sa 10 – 14 Uhr | **Tipp** Auf der anderen Straßenseite haben der Briefmarkensammlerverein und die Münzfreunde Bayer e.V. in einem ehemaligen Laden ihr Vereinsheim. Im etwas schmucklosen Schaufenster sind liebevoll einige Exponate drapiert.

111 Die Zylindersiedlung

Von der Wiege bis zur Bahre

Wie Bocciakugeln liegen die 37 Häuschen mit je vier Wohnungen noch heute in das Gras der parkähnlichen Anlage gestreut. Die Siedlung für Pensionäre der »Farbenfabriken Bayer AG« wurde 1955 fertiggestellt. Ziel des Bauvorhabens war, der ehemaligen Belegschaft den Wunsch zu erfüllen, in bevorzugter Lage den Lebensabend zu verbringen und Wohnungen, die sich in Werksnähe befinden, für die aktive Belegschaft frei zu machen.

Ein Spaziergang durch die Siedlung weckt Vorstellungen von Omas und Opas Alltag vor über einem halben Jahrhundert und offenbart den Wandel der Anforderungen ans Seniorenwohnen. Barrierefreiheit war in und um die Häuser mit Wohnungen im Hochparterre und im Obergeschoss ein fernes Wortgeschöpf. In den Küchen garten die Semmelknödel auf dem Kohleofen, was den Gang in den Kohlekeller erforderte. Wo auf Bürgersteige verzichtet wurde, führen die Stichwege von den Haustüren direkt auf die Straße. Abgesenkte Bordsteinkanten waren noch nicht erfunden. Für den Fußweg zu den Geschäften im nächsten Ortskern oder den Kirchgang musste der Rentner rüstig sein. Nur einmal in der Woche bimmelte ein mobiler Tante-Emma-Laden durch die Gartensiedlung.

Wenn sonntags die werktätigen Kinder mit den Enkeln im Opel Rekord zum Großmutterbesuch fuhren, legte sich der schwere Geruch von Braten über die Wiese. Zwischen Mittagessen und Kondensmilchkaffeezeit, wenn die Enkel zwischen den Teppichstangen spielen durften, wurde es lebhafter in der Ruheoase der Pensionäre. Drinnen gab es für Vati nach dem Sauerbraten ein Gläschen Stonsdorfer, und in der Fernsehtruhe lief der Blaue Bock in Schwarz-Weiß an. Zu Tisch im trauten Kreis verbat die Pietät die Erwähnung des Spottnamens für das Lebensabendheim: Zylindersiedlung. Die Kopfbedeckung gehörte damals noch zum gängigen Bild bei einer Beerdigung. Heute bietet die Zylindersiedlung Mietern jeden Alters ein günstiges wie geräumiges Heim.

Adresse Heinrich-Hörlein-Straße 6, 51375 Leverkusen-Schlebusch | **wupsi** Linien 209, 210, 211, 215, 217, 224, Haltestelle Museum / Karl-Carstens-Ring | **Tipp** Hinter der Kiefer, in der blauen Stunde und von innen beleuchtet, scheint die großflächige Fensterkunst der Aula des Freiherr-vom-Stein-Gymnasiums in besonders rätselhaftem Farbenspiel. Der Meister François Chapuis schuf sein Werk in Kunststoff zum Bau der Schule Anfang der 1960er Jahre; Morsbroicher Straße 77.

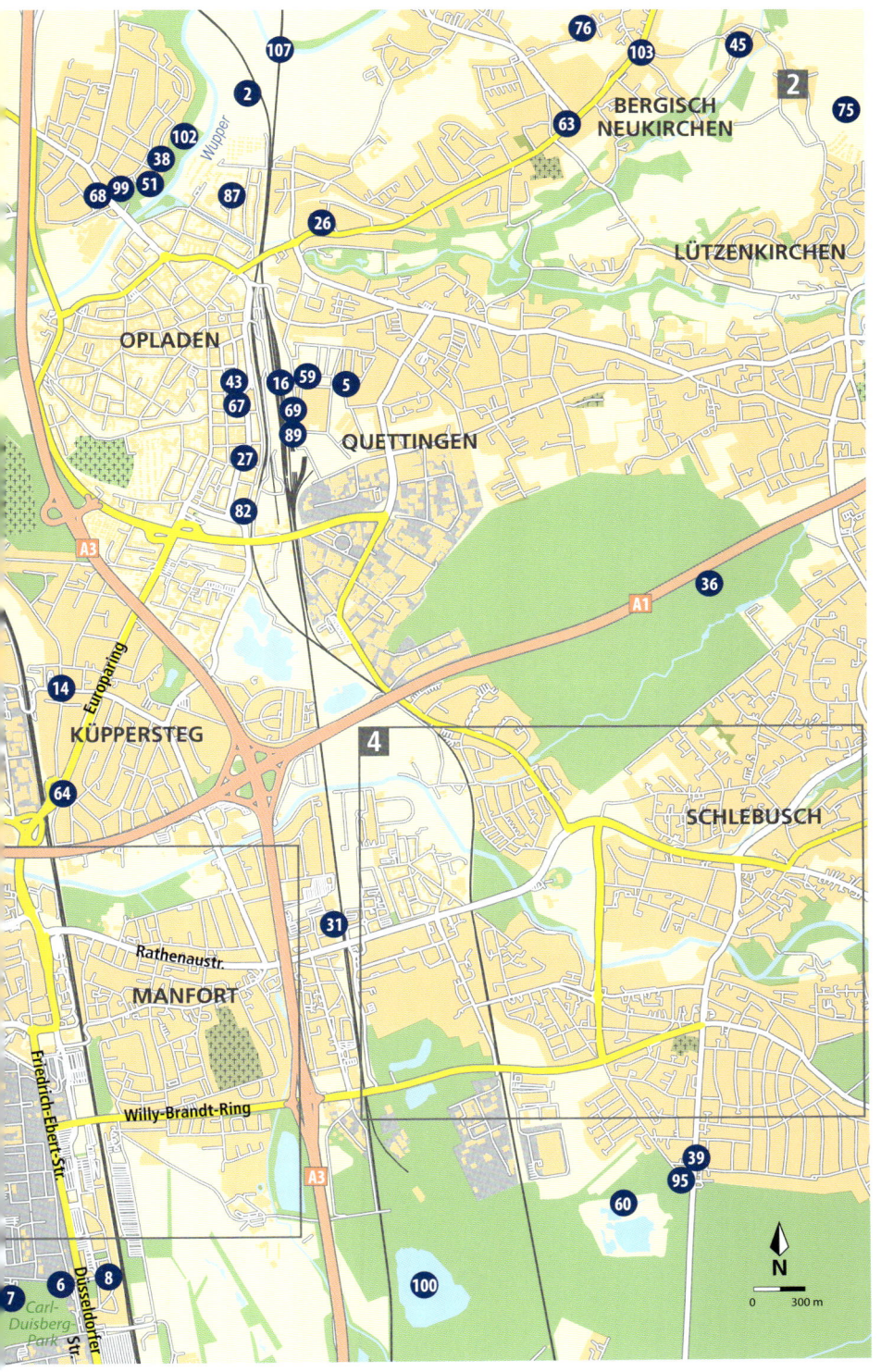

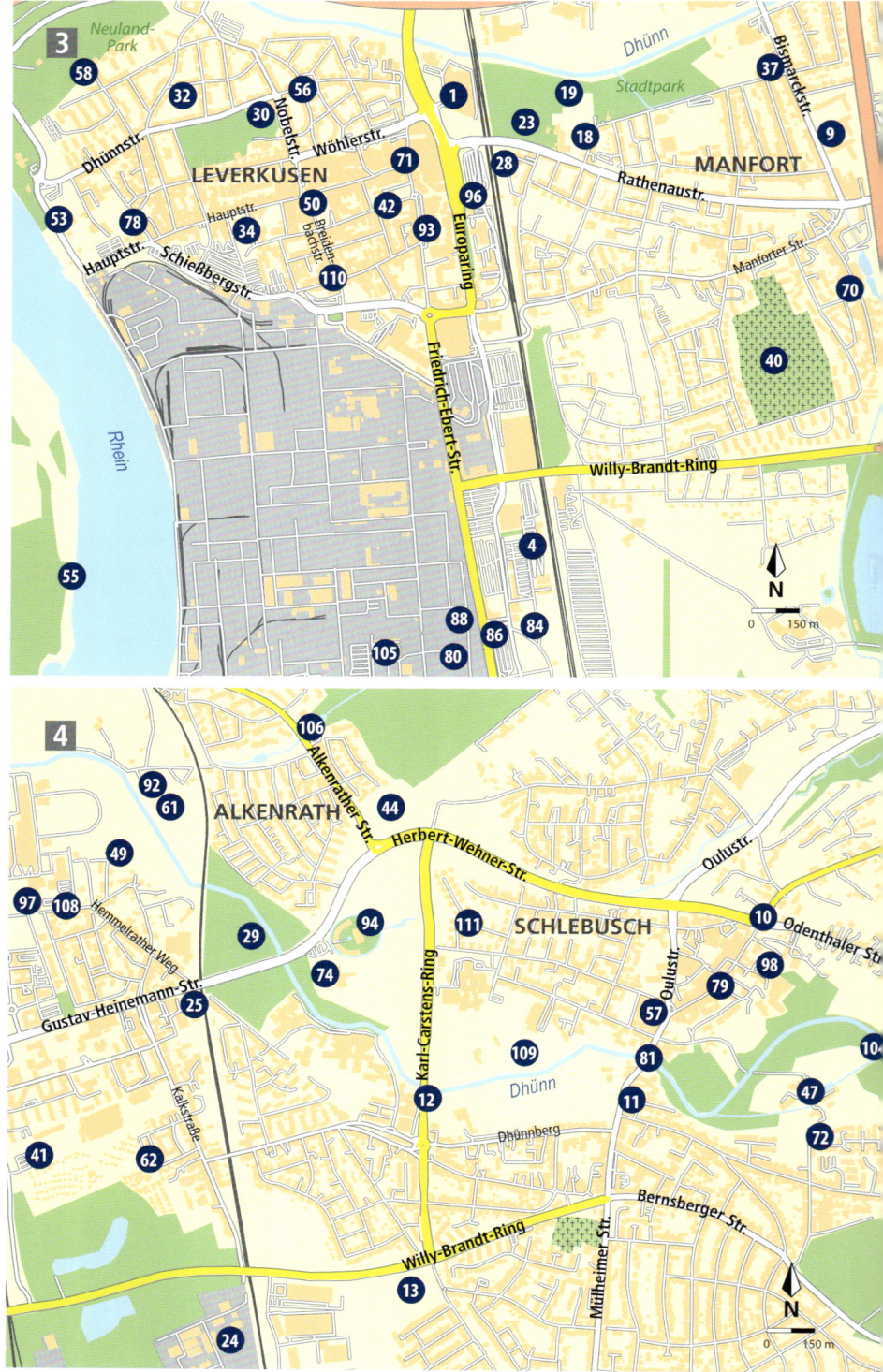

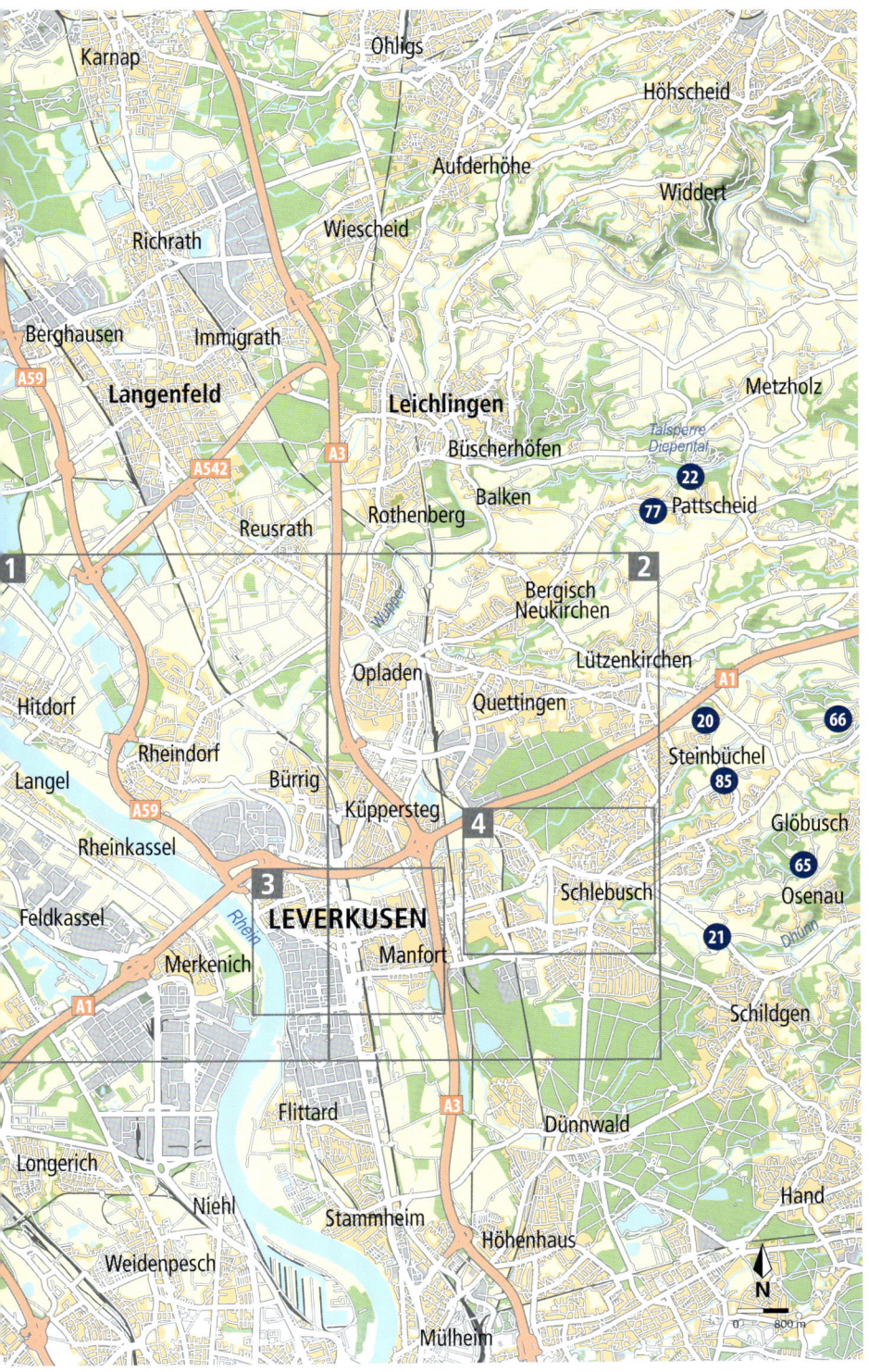

Rike Wolf
111 Orte in Hamburg, die man gesehen haben muss
ISBN 978-3-89705-916-0

Rüdiger Liedtke
111 Orte auf Mallorca, die man gesehen haben muss
ISBN 978-3-89705-975-7

Lucia Jay von Seldeneck,
Verena Eidel, Carolin Huder
111 Orte in Berlin, die man gesehen haben muss
ISBN 978-3-89705-853-8

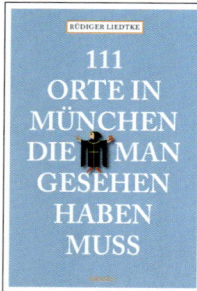

Rüdiger Liedtke
111 Orte in München, die man gesehen haben muss
ISBN 978-3-89705-892-7

Lucia Jay von Seldeneck,
Verena Eidel, Carolin Huder
111 Orte in Berlin, die man gesehen haben muss
Band 2
ISBN 978-3-95451-207-2

Bernd Imgrund,
Britta Schmitz
111 Kölner Orte, die man gesehen haben muss
Band 1
ISBN 978-3-89705-618-3

Bernd Imgrund,
Britta Schmitz
111 Kölner Orte, die man gesehen haben muss
Band 2
ISBN 978-3-89705-695-4

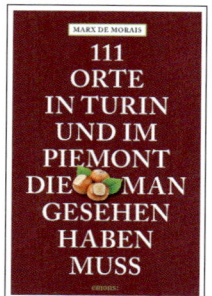

Marx de Morais
111 Orte in Turin und im Piemont, die man gesehen haben muss
ISBN 978-3-95451-736-7

Mercedes
Korzeniowski-Kneule
111 Orte in Basel, die man gesehen haben muss
ISBN 978-3-95451-702-2

Barbara Krull
**111 Orte im Elsass, die man
gesehen haben muss**
ISBN 978-3-95451-596-7

Beate C. Kirchner
**111 Orte in Florenz und im
Norden der Toskana, die
man gesehen haben muss**
ISBN 978-3-95451-513-4

Sina Beerwald
**111 Orte auf Sylt, die man
gesehen haben muss**
ISBN 978-3-95451-511-0

Gerald Polzer, Stefan Spath
**111 Orte in Graz, die man
gesehen haben muss**
ISBN 978-3-95451-466-3

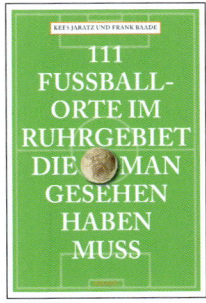

Frank Baade, Kees Jaratz
**111 Fußballorte im
Ruhrgebiet, die man
gesehen haben muss**
ISBN 978-3-89705-929-0

Rüdiger Liedtke
**111 Orte in München, die
man gesehen haben muss**
Band 2
ISBN 978-3-95451-043-6

Rüdiger Liedtke
**55 ½ Orte rund ums
Oktoberfest, die man
gesehen haben muss**
ISBN 978-3-95451-370-3

Annett Klingner
**55 ½ Orte im Vatikan, die
man gesehen haben muss**
ISBN 978-3-95451-699-5

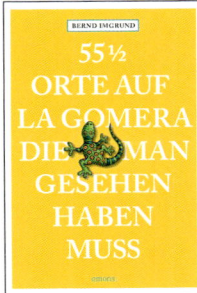

Bernd Imgrund
**55 ½ Orte auf La Gomera, die
man gesehen haben muss**
ISBN 978-3-95451-700-8

Quellen:

Abteilung Niederwupper e.V. des Bergischen Geschichtsvereins: Niederwupper – Historische Beiträge, Bd. 1 – 25

Baukunst und Werkform, Hefte 1/2/10, 1954

Bauschen, Matthias: Sportmuseum

Blankerts, Toni: Opladener Brückengeschichten, Leverkusen 2014

Blaser, Werner: Bayer Konzernzentrale Headquarters, 2003

Deutsche Bauzeitschrift Heft 7, 1957

Deutscher Bauzentrum Verlag: Das Bayer-Hochhaus, 1963

Dietz, Walter; Wiese, Jürgen: Der Freudenthaler Sensenhammer

Ev. Kirchengemeinde Leverkusen-Schlebusch: Die Friedenskirche – Festschrift

Handelsblatt, 10. Februar 1956: Leverkusen von der Industrie geformt

Hehmann, Meinolf/Stadt Leverkusen (Hrsg.): Reuschenberger Mühle in Bürrig

Hehmann, Meinolf: Die Landschaftsgärten an der Dhünn, in Galerie und Schloss e.V. (Hrsg.), Unternehmer Villen – Unternehmer Willen, 2009

Heimatkalender, Land an Wupper und Rhein, 1969

Hinrichs, Fritz: Hitdorf – Chronik eines Bergischen Hafens

Hölzer, Norbert: Von Schliebischrod nach Schlebusch, 1991

Horst, Adolf: Wiesdorf, Bayer und die Kolonien

Kaiß, Kurt: Das Bahnbetriebswerk Opladen

Kaiß, Kurt: Der Balkanexpress

Kaiß, Kurt: Das Eisenbahn-Ausbesserungswerk Opladen Bd. 1 und 2

Knapp, Helmut: 150 Jahre Evangelische Kirche zu Schlebusch, 2003

Köln-Bonner Verkehrsmagazin, Heft 10, 2009

König, Karl-Heinz; Nadolski, Klaus: Unsere Ruhlach, 2013

Kruse-Klemusch, Helga: Der Grenzstein von Hummelsheim, in Niederwupper 25, Historische Beiträge, 2013

Kruse-Klemusch, Helga: Schlebusch 1890 bis 2000, 2014

Kruse-Klemusch, Helga: Schlebusch in alten Fotografien, 2015

KulturStadtLev, Stadtarchiv (Hrsg.): Leverkusen – Geschichte einer Stadt am Rhein

Landschaftsverband Rheinland (Hrsg.): Mühlenregion Rheinland

Meilensteine – 125 Jahre Bayer, 1988

Mettlach, Marie-Luise: Zu »Stayn up dem berch«: Der Friedenberger Hof, Rheinisch-Bergischer Kalender, 2000

Militz, Claus; Rudolph, Werner: Spuren im Werk, 1984

Miserius, Uwe: Abriss in die Zukunft, 2010

Montanus – Schriftenreihe zur Lokal- und Regionalgeschichte in Leverkusen, Heft 12/2012

Rheinischer Verein für Denkmalpflege und Landschaftsschutz: Rheinische Kunststätten – Schloss Morsbroich in Leverkusen

Schier, Georg: Waldhaus Römer

Schütz, Dieter: Bayer als Mäzen. Carl Duisberg als Förderer der Künste, 1994

Simon, Jochen: Sommersitz einer Mülheimer Unternehmerfamilie, in Galerie und Schloss e.V. (Hrsg.): Unternehmer Villen – Unternehmer Villen, 2009

Stadtgeschichtliche Informationstafeln, Stadtarchiv Leverkusen, Untere Denkmalbehörde Leverkusen

Trimborn, Friedrich: Explosivstoffabriken in Deutschland, 1995

Der Autor

Markus Danner, Jahrgang 1963, hat die ersten 25 Jahre seines Lebens in Leverkusen verbracht. 25 Jahre Kölner Exil konnten ihn nicht davon abhalten, die Geschehnisse in seiner Heimat zu verfolgen und immer wieder zu Erkundungstouren aufzubrechen. 2014 ist er wieder nach Schlebusch gezogen. Sein berufliches Leben hat er den Büchern gewidmet: Seit 1987 ist er der Verlagsbranche treu. Privat bewegt er sich am liebsten auf dem Rennrad oder auf industriearchäologischen Spuren.

Der Fotograf

Johannes Seibt, geboren 1956, hat Kommunikationsdesign (Grafikdesign, Fotografie, Illustration) in Essen studiert, fotografiert seit 1971, ist Diplomdesigner seit 1984, und seit 1987 ist er in der Buchverlagsbranche tätig.